根据十八届四中全会决定中提出的
国家机关"谁执法谁普法"精神最新编写

能　源
法律知识读本

中国社会科学院法学研究所法治宣传教育与公法研究中心◎组织编写

总顾问：张苏军　　　总主编：陈泽宪

本册主编：陈百顺　　魏文彪

以案释法版

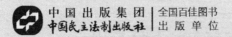

中国出版集团 ｜ 全国百佳图书
中国民主法制出版社 ｜ 出版单位

图书在版编目（CIP）数据

能源法律知识读本 ：以案释法版 / 中国社会科学院法学研究所法治宣传教育与公法研究中心组织编写. --北京 ：中国民主法制出版社，2016.10
  （谁执法谁普法系列丛书）
  ISBN 978-7-5162-1264-6

Ⅰ.①能… Ⅱ.①中… Ⅲ.①能源法－基本知识－中国 Ⅳ.①D922.674

中国版本图书馆CIP数据核字（2016）第188593号

责任编辑 / 杨　文
装帧设计 / 郑文娟

书　　名 / 能源法律知识读本（以案释法版）
作　　者 / 陈百顺　魏文彪

出版 · 发行 / 中国民主法制出版社
社　　址 / 北京市丰台区右安门外玉林里7号（100069）
电　　话 / 010-62152088
传　　真 / 010-62168123
经　　销 / 新华书店
开　　本 / 16开　710mm×1000mm
印　　张 / 11.875
字　　数 / 209千字
版　　本 / 2017年1月第1版　　2017年1月第1次印刷
印　　刷 / 北京精乐翔印刷有限公司

书　　号 / ISBN 978-7-5162-1264-6
定　　价 / 28.00元
出 版 声 明 / 版权所有，侵权必究。

丛书编委会名单

总 顾 问：张苏军

主 任：李 林 刘海涛

委 员：李 林 陈 甦 陈泽宪 孙宪忠 刘作翔 李明德

王敏远 周汉华 邹海林 莫纪宏 田 禾 熊秋红

张 生 沈 涓 刘海涛 赵卜慧 陈百顺 沙崇凡

艾其来 丛文胜 吴丽华 宋玉珍 陈禄强

办公室主任：莫纪宏 陈百顺

办公室成员：谢增毅 廖 凡 李 忠 李洪雷 陈欣新 陈根发

瞿国强 刘小妹 李 霞 戴瑞君 聂秀时 李长涛

邵 波 赵 波 胡俊平 陈 娟 严月仙 罗 卉

张静西 杨 文 刘佳迪 郭槿桉 熊林林 肖术芹

总　序

搞好法治宣传教育
营造良好法治氛围

全面推进依法治国，是坚持和发展中国特色社会主义，努力建设法治中国的必然要求和重要保障，事关党执政兴国、人民幸福安康、国家长治久安。

我们党长期重视依法治国，特别是党的十八大以来，以习近平同志为核心的党中央对全面依法治国作出了重要部署，对法治宣传教育提出了新的更高要求，明确了法治宣传教育的基本定位、重大任务和重要措施。十八届三中全会要求"健全社会普法教育机制"；十八届四中全会要求"坚持把全民普法和守法作为依法治国的长期基础性工作，深入开展法治宣传教育"；十八届五中全会要求"弘扬社会主义法治精神，增强全社会特别是公职人员尊法学法守法用法观念，在全社会形成良好法治氛围和法治习惯"。习近平总书记多次强调，领导干部要做尊法学法守法用法的模范。法治宣传教育要创新形式、注重实效，为我们做好工作提供了基本遵循。

当前，我国正处于全面建成小康社会的决定性阶段，依法治国在党和国家工作全局中的地位更加突出，严格执法、公正司法的要求越来越高，维护社会公平正义的责任越来越大。按照全面依法治国新要求，深入开展法治宣传教育，充分发挥法治宣传教育在全面依法治国中的基础作用，推动全社会树立法治意识，为"十三五"时期经济社会发展营造良好法治环境，为实现"两个一百年"奋斗目标和中华民族伟大复兴的中国梦作出新贡献，责任重大、意义深远。

为深入贯彻党的十八大和十八届三中、四中、五中、六中全会精神和习近平总书记系列重要讲话精神，以及中共中央、国务院转发《中央宣传部、司法部关于在公民中开展法治宣传教育的第七个五年规划（2016—2020年）》，扎实推进"七五"普法工作，中国社会科学院法学研究所联合中国民主法制出版社，组织国内有关方面的专家学者，在新一轮的五年普法规划实施期间，郑重推出"全面推进依法治国精品书库（六大系列）"，即《全国"七五"普法系列教材（以案释法版，25册）》《青少年法治教育系列教材（法治实践版，30册）》《新时期法治宣传教育工作理论与实务丛书（30册）》《"谁执法（主管）谁普法"系列丛书（以案释法版,80册）》《"七五"普法书架——以案释法系列丛书（60册）》和《"谁执法（主管）谁普法"系列宣传册（漫画故事版，90册）》。

其中"谁执法谁普法，谁主管谁负责"工作是一项涉及面广、工作要求高的系统工程。它以法律所调整的不同社会关系为基础，以行业监管或主管所涉及的法律法规为主体，充分发挥行业优势和主导作用，在抓好部门、行业内部法治宣传教育的同时，面向普法对象，普及该专属领域所涉及的法律法规的一种创新性普法方式。

实行"谁执法谁普法，谁主管谁负责"是贯彻落实中央精神、贯彻实施"七五"普法规划、深入推进新一轮全国法治宣传教育活动的重要举措。这一重要举措的切实实施，有利于充分发挥执法部门、行业主管的职能优势和主导作用，扩大普法依法治理工作覆盖面，增强法治宣传教育的针对性、专业性，促进执法与普法工作的有机结合，有利于各部门、各行业分工负责、各司其职、齐抓共管的大普法工作格局的形成。

为了深入扎实地做好"谁执法谁普法，谁主管谁负责"工作，我们组织编写了这套《"谁执法（主管）谁普法"系列丛书（以案释法版，80册）》。该丛书内容包括全面推进依法治国重大战略布局、宪法、行政法以及行业管理所涉及的法律法规制度。全书采取宣讲要点、以案释法的形式，紧紧围绕普法宣传的重点、法律规定的要点、群众关注的焦点、社会关注的热点、司法实践的难点，结合普法学习、法律运用和司法实践进行全面阐释，深入浅出，通俗易懂，具有较强的实用性和操作性，对于提高行业行政执法和业务管理人员能力水平，增强管理对象的法治意识具有积极意义。

衷心希望丛书的出版，能够为深入推进行业普法起到应有作用，更好地营造尊法学法守法用法的良好氛围。

本书编委会
2016年10月

目　　录

全面推进依法治国的重大战略布局

导 读

依法治国，就是广大人民群众在党的领导下，依照宪法和法律规定，通过法定形式管理国家事务，管理经济文化事业，管理社会事务，保证国家各项工作都依法进行，逐步实现民主制度化、法律化，建设社会主义法治国家。全面推进依法治国，是我们党从坚持和发展中国特色社会主义，实现国家治理体系和治理能力现代化，提高党的执政能力和执政水平出发，总结历史经验、顺应人民愿望和时代发展要求作出的重大战略布局。全面推进依法治国，必须坚持中国共产党的领导，坚持人民主体地位、坚持法律面前人人平等，坚持依法治国和以德治国相结合，坚持从中国实际出发。坚持依法治国、依法执政、依法行政共同推进，坚持法治国家、法治政府、法治社会一体建设，实现科学立法、严格执法、公正司法、全民守法，促进国家治理体系和治理能力现代化。

第一节　全面推进依法治国方略

依法治国，从根本上讲，就是广大人民群众在党的领导下，依照宪法和法律规定，通过法定形式管理国家事务、管理经济文化事业、管理社会事务，保证国家各项工作都依法进行，逐步实现民主制度化、法律化，建设社会主义法治国家。

一、全面推进依法治国的形成与发展过程

全面推进依法治国的提出，是对我们党严格执法执纪优良传统作风的传承，是对党的十五大报告提出的"依法治国，建设社会主义法治国家"的深化。历史地看，我们党依法治国基本方略的形成和发展，经历了一个长期的探索发展过程。早在革

命战争年代，我党领导下的革命根据地红色政权就陆续制定和颁布过《中华苏维埃共和国宪法大纲》《中国土地法大纲》《陕甘宁边区施政纲领》等一系列法律制度规定，为新生红色政权的依法产生和依法办事，为调动一切抗日力量抵御外来侵略者，为解放全中国提供了宪法性依据和法律遵循。遵守法纪、依法办事成为这一时期党政工作的一大特色。尽管从总体上看，为适应战时需要，当时主要实行的还是政策为主、法律为辅，但在战争年代，尤其是军事力量对比实力悬殊的情况下，我们党依然能够在革命根据地和解放区坚持探索和实践法制建设，充分显示了一个无产阶级政党领导人民翻身解放、当家作主的博大胸怀。1949年中华人民共和国成立，开启了中国法治建设的新纪元。从1949年到20世纪50年代中期，是中国社会主义法制的初创时期。这一时期中国制定了具有临时宪法性质的《中国人民政治协商会议共同纲领》和其他一系列法律、法令，对巩固新生的共和国政权，维护社会秩序和恢复国民经济，起到了重要作用。1954年第一届全国人民代表大会第一次会议制定的《中华人民共和国宪法》以及随后制定的有关法律，规定了国家的政治制度、经济制度和公民的权利与自由，规范了国家机关的组织和职权，确立了国家法制的基本原则，初步奠定了中国法治建设的基础。20世纪50年代后期至70年代初，特别是"文化大革命"的十年，中国社会主义法制遭到严重破坏。20世纪70年代末，中国共产党总结历史经验，特别是汲取"文化大革命"的惨痛教训，作出把"党和国家的工作重心转移到社会主义现代化建设上来"的重大决策，实行改革开放政策，明确了一定要靠法制治理国家的原则。为了保障人民民主，必须加强社会主义法制，使民主制度化、法律化，使这种制度和法律具有稳定性、连续性和权威性，使之不因领导人的改变而改变，不因领导人的看法和注意力的改变而改变，做到有法可依，有法必依，执法必严，违法必究，成为改革开放新时期法治建设的基本理念。在发展社会主义民主、健全社会主义法制的基本方针指引下，现行宪法以及刑法、刑事诉讼法、民事诉讼法、民法通则、行政诉讼法等一批基本法律出台，中国的法治建设进入了全新发展阶段。20世纪90年代，中国开始全面推进社会主义市场经济建设，由此进一步奠定了法治建设的经济基础，法治建设面临新的更高要求。1997年召开的中国共产党第十五次全国代表大会，将"依法治国"确立为治国基本方略，将"建设社会主义法治国家"确定为社会主义现代化的重要目标，并提出了建设中国特色社会主义法律体系的重大任务。1999年修宪，"中华人民共和国实行依法治国，建设社会主义法治国家"载入宪法，中国的法治建设开启了新篇章。进入21世纪，中国的法治建设继续向前推进。2002年召开的中国共产党第十六次全国代表大会，将"社会主义民主更加完善，社会主义法制更加完备，依法治国基本方略得到全面落实"作为全面建设小康社会的重要目标。2004年修宪，"国家尊重和保障人权"载入宪法。2007年召开的中国共产党第十七次全国代表大会，明确提出全面落实依法治国基本方略，加快建设社会主义法治国家，并对加强社会主义法治建设作出了全面部署。2012年中共十八大召开以来，党中央高度重视依法治国。2014年10月，十八届四中全会专门作出《中共中央关于全面推进依法治国若干重大问题的决定》，描绘了全面推进依法治国的总蓝图、路线图、施工图，标志着依法治国按下了"快进键"、进入了"快车道"，对我国社会主义法治建设具有里程碑意义。在新的历史起点上，我们党更加重视全面依法治国和社会主义法治建设，强调落实依法治国基本方略，加快建设社会主义法治国家，全面推进科学立法、严格执法、公正司法、全民守法进程，强调坚持党的领导，更加注重改进党的领导方式和执政方式；依法治国，首先是依宪治国；依法执政，关键是依宪执政；新形势下，我们党要履行好执政兴国的重大职责，必须依据党章从严治党、依据宪法治国理政；党领导人民制定宪法和法律，党领导人民执行宪法和法律，党自身必须在宪法和法律范围内活动，真正做到党领导立法、保证执法、带头守法。当前，我国全面建成小康社会进入决定性阶段，改革进入攻坚期和深水区。我们党面临的改革发展稳定任务之重前所未有、矛盾风险挑战之多前所未有，依法治国在党和国家工作全局中的地位更加突出、作用更加重大。全面推进依法治国是关系我们党执政兴国、关系人民幸福安康、关系党和国家长治久安的重大战略问题，是完善和发展中国特色社会主义制度、推进国家治理体系和治理能力现代化的重要方面。我们要实现党的十八大和十八届三中、四中、五中全会作出的一系列战略部署，全面建成小康社会、实现中华民族伟大复兴的中国梦，全面深化改革、完善和发展中国特色社会主义制度，就必须在全面推进依法治国上作出总体部署、采取切实措施、迈出坚实步伐。

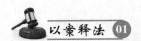 以案释法 ①

严格依法办事、坚持从严治党

2015年5月22日，天津市第一中级人民法院鉴于周永康案中一些犯罪事实证据涉及国家秘密，依法对周永康案进行不公开审理。天津市第一中级人民法院经审理认为，周永康受贿数额特别巨大，但其归案后能如实供述自己的罪行，认罪悔罪，绝大部分贿赂系其亲属收受且其系事后知情，案发后主动要求亲属退赃且受贿款物全部追缴，具有法定、酌定从轻处罚情节；滥用职权，犯罪情节特别严重；故意泄露国家秘密，犯罪情节特别严重，但未造成特别严重的后果。根据周永康犯罪的事实、性质、情节和对于社会的危害程度，天津市第一中级人民法院于2015年6月11日宣判，周永康犯受贿罪，判处无期徒刑，剥夺政治权利终身，并处没收个人财产；犯滥用职权罪，判处有期徒刑七年；犯故意泄露国家秘密罪，判处有期徒刑四年，三罪并罚，决定执行无期徒刑，剥夺政治权利终身，并处没收个人财产。周永康在庭审最后陈述时说："我接受检方指控，基本事实清楚，我表示认罪悔罪；有关人员对我家人的贿赂，实际上是冲着我的权力来的，我应负主要责任；自己不断为私情而违法违纪，违法犯罪的事实是客观存在的，给党和国家造成了重大损失；对我问题的依纪依法处理，体现了中国共产党全面从严治党、全面依法治国的决心。"

 释解

　　周永康一案涉及新中国成立以来第一例因贪腐被中纪委立案审查的正国级领导干部。周永康的落马充分反映了我们党全面从严治党、全面依法治国的坚定决心。说明反腐没有"天花板"，无论任何人，不管位有多高，权有多大，只要违法乱纪，一样要严惩不贷。周永康一案的宣判表明，无论是位高权重之人，还是基层党员干部，都应始终敬畏党纪、敬畏国法，不以权谋私，切忌把权力当成自家的"后花园"。通过办案机关依法办案、文明执法，讲事实、讲道理，周永康也认识到自己违法犯罪的事实给党的事业造成的损失，给社会造成了严重影响，并多次表示认罪悔罪。综观周永康一案从侦办、审理到宣判，整个过程都坚持依法按程序办案，很好地体现了"以法治思维和法治方式反对腐败"的基本理念。这充分说明，我们党敢于直面问题、纠正错误，勇于从严治党、依法治国。周永康案件再次表明，党纪国法绝不是"橡皮泥""稻草人"，无论是因为"法盲"导致违纪违法，还是故意违规违法，都要受到追究，否则就会形成"破窗效应"。法治之下，任何人都不能心存侥幸，也不能指望法外施恩，没有免罪的"丹书铁券"，也没有"铁帽子王"。

二、全面推进依法治国必须坚持的基本原则

　　全面推进依法治国是一项系统工程，是国家治理领域一场广泛而深刻的革命，需要付出长期艰苦努力，这一过程中，既要避免不作为，又要防范乱作为。为此，党的十八届四中全会明确提出了全面推进依法治国必须要坚持的基本原则，即坚持中国共产党的领导，坚持人民主体地位，坚持法律面前人人平等，坚持依法治国和以德治国相结合，坚持从中国实际出发。

（一）党的领导原则

　　党的领导是中国特色社会主义最本质的特征，是社会主义法治最根本的保证。把党的领导贯彻到依法治国全过程和各方面，是我国社会主义法治建设的一条基本经验。我国宪法确立了中国共产党的领导地位。坚持党的领导，是社会主义法治的根本要求，是党和国家的根本所在、命脉所在，是全国各族人民的利益所系、幸福所系。实践证明，只有把依法治国基本方略的贯彻实施同依法执政的基本方式统一起来，把党领导立法、保证执法、支持司法、带头守法统一起来，把党总揽全局、协调各方同人大、政府、政协、审判机关、检察机关依法依章程履行职能、开展工

作统一起来，把党领导人民制定和实施宪法法律同党坚持在宪法法律范围内活动统一起来，才能确保法治中国的建设有序推进、深入开展。

（二）人民主体原则

在我国，人民是依法治国的主体和力量源泉，法治建设以保障人民根本权益为出发点和落脚点。法治建设的宗旨是为了人民、依靠人民、保护人民、造福人民。因此，全面推进依法治国，必须要保证人民依法享有广泛的权利和自由、承担应尽的义务，维护社会公平正义，促进共同富裕。全面推进依法治国，就是为了更好地实现人民在党的领导下，依照法律规定，通过各种途径和形式管理国家事务，管理经济文化事业，管理社会事务。法律既是保障公民权利的有力武器，也是全体公民必须一体遵循的行为规范，因此全面推行依法治国，必须要坚持人民主体原则，切实增强全社会学法尊法守法用法意识，使法律为人民所掌握、所遵守、所运用。

（三）法律面前人人平等原则

平等是社会主义法律的基本属性。法律面前人人平等，要求任何组织和个人都必须尊重宪法法律权威，都必须在宪法法律范围内活动，都必须依照宪法法律行使权力或权利、履行职责或义务，都不得有超越宪法法律的特权。全面推行依法治国，必须维护国家法制统一、尊严和权威，切实保证宪法法律有效实施，任何人都不得以任何借口任何形式以言代法、以权压法、徇私枉法。必须规范和约束公权力，加大监督力度，做到有权必有责、用权受监督、违法必追究。坚决纠正有法不依、执法不严、违法不究行为。

（四）依法治国和以德治国相结合原则

法律和道德同为社会行为规范，在支撑社会交往、维护社会稳定、促进社会发展方面，发挥着各自不同的且不可替代的交互作用，国家和社会治理离不开法律和道德的共同发挥作用。全面推进依法治国，必须要既重视发挥法律的规范作用，又重视发挥道德的教化作用，要坚持一手抓法治、一手抓德治，大力弘扬社会主义核心价值观，弘扬中华传统美德，培育社会公德、职业道德、家庭美德、个人品德。法治要体现道德理念、强化对道德建设的促进作用，道德要滋养法治精神、强化对法治文化的支撑作用，以实现法律和道德相辅相成、法治和德治相得益彰。

（五）从实际出发原则

全面推进依法治国是中国特色社会主义道路、理论、制度实践的必然选择。建设法治中国，必须要从我国基本国情出发，同改革开放不断深化相适应，总结和运用党领导人民实行法治的成功经验，围绕社会主义法治建设重大理论和实践问题，深入开展法治建设，推进法治理论创新。

三、全面推进依法治国的总体要求

十八届四中全会是我党历史上第一次通过全会的形式专题研究部署、全面推进依法治国问题。全会在对全面推进依法治国的重要意义、重大作用、指导思想和基本原则作了系统阐述的基础上，站在总揽全局、协调各方的高度，对全面推进依法治国进程中的人大、政府、政协、审判、检察等各项工作提出了工作要求。

（一）加强立法工作，完善中国特色社会主义法律体系建设和以宪法为核心的法律制度实施

1. 建设中国特色社会主义法治体系，坚持立法先行，发挥立法的引领和推动作用，抓住提高立法质量这个关键

立法工作要恪守以民为本、立法为民理念，贯彻社会主义核心价值观，要符合宪法精神、反映人民意志、得到人民拥护。要把公正、公平、公开原则贯穿立法全过程，完善立法体制机制，坚持立改废释并举，增强法律法规的及时性、系统性、针对性、有效性。坚持依法治国，首先要坚持依宪治国、坚持依宪执政。一切违反宪法的行为都必须予以追究和纠正。为了强化宪法意识，党和国家还确定，每年12月4日定为国家宪法日。在全社会普遍开展宪法教育，弘扬宪法精神。建立宪法宣誓制度，凡经人大及其常委会选举或者决定任命的国家工作人员正式就职时公开向宪法宣誓。

2. 完善党对立法工作中重大问题决策的程序

凡立法涉及重大体制和重大政策调整的，必须报党中央讨论决定。党中央向全国人大提出宪法修改建议，依照宪法规定的程序进行宪法修改。法律制定和修改的重大问题由全国人大常委会党组向党中央报告。健全有立法权的人大主导立法工作的体制机制。建立由全国人大相关专门委员会、全国人大常委会法制工作委员会组织有关部门参与起草综合性、全局性、基础性等重要法律草案制度。增加有法治实践经验的专职常委比例。依法建立健全专门委员会、工作委员会立法专家顾问制度。加强和改进政府立法制度建设，完善行政法规、规章制定程序，完善公众参与政府立法机制。重要行政管理法律法规由政府法制机构组织起草。明确立法权力边界，从体制机制和工作程序上有效防止部门利益和地方保护主义法律化。明确地方立法权限和范围，依法赋予设区的市地方立法权。

3. 深入推进科学立法、民主立法

加强人大对立法工作的组织协调，健全立法起草、论证、协调、审议机制，健全向下级人大征询立法意见机制，建立基层立法联系点制度，推进立法精细化。更多发挥人大代表参与起草和修改法律的作用。充分发挥政协委员、民主党派、工商联、无党派人士、人民团体、社会组织在立法协商中的作用，拓宽公民有序参与立

法途径，广泛凝聚社会共识。

4.加强重点领域立法

依法保障公民权利，加快完善体现权利公平、机会公平、规则公平的法律制度，保障公民人身权、财产权、基本政治权利等各项权利不受侵犯，保障公民经济、文化、社会等各方面权利得到落实，实现公民权利保障法治化。增强全社会尊重和保障人权意识，健全公民权利救济渠道和方式。

（二）深入推进依法行政，加快建设法治政府

各级政府必须坚持在党的领导下、在法治轨道上开展工作，创新执法体制，完善执法程序，推进综合执法，严格执法责任，建立权责统一、权威高效的依法行政体制，加快建设职能科学、权责法定、执法严明、公开公正、廉洁高效、守法诚信的法治政府。

1.依法全面履行政府职能

完善行政组织和行政程序法律制度，推进机构、职能、权限、程序、责任法定化行政机关要坚持法定职责必须为、法无授权不可为，勇于负责、敢于担当，坚决纠正不作为、乱作为，坚决克服懒政、怠政，坚决惩处失职、渎职。行政机关不得法外设定权力，没有法律法规依据不得作出减损公民、法人和其他组织合法权益或者增加其义务的决定。

2.健全依法决策机制

把公众参与、专家论证、风险评估、合法性审查、集体讨论决定确定为重大行政决策作出的法定程序，确保决策制度科学、程序正当、过程公开、责任明确。建立重大决策终身责任追究制度及责任倒查机制，对决策严重失误或者依法应该及时作出决策但久拖不决造成重大损失、恶劣影响的，严格追究行政首长、负有责任的其他领导人员和相关责任人员的法律责任。

3.深化行政执法体制改革

根据不同层级政府的事权和职能，按照减少层次、整合队伍、提高效率的原则，合理配置执法力量。推进综合执法，大幅减少市县两级政府执法队伍种类，重点在食品药品安全、工商质检、公共卫生、安全生产、文化旅游、资源环境、农林水利、交通运输、城乡建设、海洋渔业等领域内推行综合执法，有条件的领域可以推行跨部门综合执法；严格实行行政执法人员持证上岗和资格管理制度，未通过执法资格考试，不得授予执法资格，不得从事执法活动。严格执行罚缴分离和收支两条线管理制度，严禁收费罚没收入同部门利益直接或者变相挂钩。

4.坚持严格规范公正文明执法

依法惩处各类违法行为，加大关系群众切身利益的重点领域执法力度。完善执法程序，建立执法全过程记录制度。明确具体操作流程，重点规范行政许可、行政处罚、行政强制、行政征收、行政收费、行政检查等执法行为。严格执行重大执法决定法制审核制度。全面落实行政执法责任制，严格确定不同部门及机构、岗位执法人员执法责任和责任追究机制，加强执法监督，坚决排除对执法活动的干预，防止和克服地方和部门保护主义，惩治执法腐败现象。

5. 强化对行政权力的制约和监督

加强党内监督、人大监督、民主监督、行政监督、司法监督、审计监督、社会监督、舆论监督制度建设，努力形成科学有效的权力运行制约和监督体系，增强监督合力和实效。加强对政府内部权力的制约，对财政资金分配使用、国有资产监管、政府投资、政府采购、公共资源转让、公共工程建设等权力集中的部门和岗位实行分事行权、分岗设权、分级授权，定期轮岗，强化内部流程控制，防止权力滥用。改进上级机关对下级机关的监督，建立常态化监督制度。完善纠错问责机制，健全责令公开道歉、停职检查、引咎辞职、责令辞职、罢免等问责方式和程序。完善审计制度，保障依法独立行使审计监督权。对公共资金、国有资产、国有资源和领导干部履行经济责任情况实行审计全覆盖。

6. 全面推进政务公开

坚持以公开为常态、不公开为例外原则，推进决策公开、执行公开、管理公开、服务公开、结果公开。各级政府及其工作部门依据权力清单，向社会全面公开政府职能、法律依据、实施主体、职责权限、管理流程、监督方式等事项。重点推进财政预算、公共资源配置、重大建设项目批准和实施、社会公益事业建设等领域的政府信息公开。涉及公民、法人或其他组织权利和义务的规范性文件，按照政府信息公开要求和程序予以公布。推行行政执法公示制度。推进政务公开信息化，加强互联网政务信息数据服务平台和便民服务平台建设。

（三）保证公正司法，提高司法公信力

必须完善司法管理体制和司法权力运行机制，规范司法行为，加强对司法活动的监督，努力让人民群众在每一个司法案件中感受到公平正义。

1. 完善确保依法独立公正行使审判权和检察权的制度

建立领导干部干预司法活动、插手具体案件处理的记录、通报和责任追究制度。任何党政机关和领导干部都不得让司法机关做违反法定职责、有碍司法公正的事情，任何司法机关都必须执行党政机关和领导干部不得违法干预司法活动的要求。对干预司法机关办案的，给予党纪政纪处分；造成冤假错案或者其他严重后果的，依法追究刑事责任。

2. 优化司法职权配置

健全公安机关、检察机关、审判机关、司法行政机关各司其职，侦查权、检察权、审判权、执行权相互配合和制约的体制机制。完善审级制度，一审重在解决事实认定和法律适用，二审重在解决事实法律争议、实现二审终审，再审重在依法纠错、维护裁判权威；建立司法机关内部人员过问案件的记录制度和责任追究制度。完善主审法官、合议庭、主任检察官、主办侦查员办案责任制，落实谁办案谁负责。

3. 推进严格司法

健全事实认定符合客观真相、办案结果符合实体公正、办案过程符合程序公正的法律制度。加强和规范司法解释和案例指导，统一法律适用标准。全面贯彻证据裁判规则，严格依法收集、固定、保存、审查、运用证据，完善证人、鉴定人出庭制度，保证庭审在查明事实、认定证据、保护诉权、公正裁判中发挥决定性作用。明确各类司法人员工作职责、工作流程、工作标准，实行办案质量终身负责制和错案责任倒查问责制，确保案件处理经得起法律和历史检验。

4. 保障人民群众参与司法

坚持人民司法为人民，依靠人民推进公正司法，通过公正司法维护人民权益。在司法调解、司法听证、涉诉信访等司法活动中保障人民群众参与。推进审判公开、检务公开、警务公开、狱务公开，依法及时公开执法司法依据、程序、流程、结果和生效法律文书，杜绝暗箱操作。

5. 加强人权司法保障

强化诉讼过程中当事人和其他诉讼参与人的知情权、陈述权、辩护辩论权、申请权、申诉权的制度保障。健全落实罪刑法定、疑罪从无、非法证据排除等法律原则的法律制度。完善对限制人身自由司法措施和侦查手段的司法监督，加强对刑讯逼供和非法取证的源头预防，健全冤假错案有效防范、及时纠正机制。

6. 加强对司法活动的监督

完善检察机关行使监督权的法律制度，加强对刑事诉讼、民事诉讼、行政诉讼的法律监督。完善人民监督员制度，重点监督检察机关查办职务犯罪的立案、羁押、扣押和冻结财物、起诉等环节的执法活动。依法规范司法人员与当事人、律师、特殊关系人、中介组织的接触、交往行为。严禁司法人员私下接触当事人及律师、泄露或者为其打探案情、接受吃请或者收受其财物、为律师介绍代理和辩护业务等违法违纪行为，坚决惩治司法掮客行为，防止利益输送。

（四）增强全民法治观念，推进法治社会建设

弘扬社会主义法治精神，建设社会主义法治文化，增强全社会厉行法治的积极性和主动性，形成守法光荣、违法可耻的社会氛围，使全体人民都成为社会主义法治的忠实崇尚者、自觉遵守者、坚定捍卫者。

1. 推动全社会树立法治意识

坚持把全民普法和守法作为依法治国的长期基础性工作，深入开展法治宣传教

育，引导全民自觉守法、遇事找法、解决问题靠法。坚持把领导干部带头学法、模范守法作为树立法治意识的关键，完善国家工作人员学法用法制度，把法治教育纳入国民教育体系，从青少年抓起，在中小学设立法治知识课程。健全普法宣传教育机制，各级党委和政府要加强对普法工作的领导，宣传、文化、教育部门和人民团体要在普法教育中发挥职能作用。实行国家机关"谁执法谁普法"的普法责任制，建立法官、检察官、行政执法人员、律师等以案释法制度。把法治教育纳入精神文明创建内，开展群众性法治文化活动，健全媒体公益普法制度，加强新媒体新技术在普法中的运用，提高普法实效；加强社会诚信建设，健全公民和组织守法信用记录，完善守法诚信褒奖机制和违法失信行为惩戒机制，使尊法守法成为全体人民的共同追求和自觉行动；加强公民道德建设，弘扬中华优秀传统文化，增强法治的道德底蕴，强化规则意识，倡导契约精神，弘扬公序良俗。发挥法治在解决道德领域突出问题中的作用，引导人们自觉履行法定义务、社会责任、家庭责任。

2. 推进多层次多领域依法治理

深入开展多层次多领域法治创建活动，深化基层组织和部门、行业依法治理，支持各类社会主体自我约束、自我管理。发挥市民公约、乡规民约、行业规章、团体章程等社会规范在社会治理中的积极作用。建立健全社会组织参与社会事务、维护公共利益、救助困难群众、帮教特殊人群、预防违法犯罪的机制和制度化渠道，发挥社会组织对其成员的行为导引、规则约束、权益维护作用。

3. 建设完备的法律服务体系

完善法律援助制度，扩大援助范围，健全司法救助体系，保证人民群众在遇到法律问题或者权利受到侵害时获得及时有效的法律帮助。

4. 健全依法维权和化解纠纷机制

强化法律在维护群众权益、化解社会矛盾中的权威地位，引导和支持人们理性表达诉求、依法维护权益。建立健全社会矛盾预警机制、利益表达机制、协商沟通机制、救济救助机制，畅通群众利益协调、权益保障法律渠道。把信访纳入法治化轨道，保障合理合法诉求依照法律规定和程序就能得到合理合法的结果。健全社会矛盾纠纷预防化解机制，完善调解、仲裁、行政裁决、行政复议、诉讼等有机衔接、相互协调的多元化纠纷解决机制。完善立体化社会治安防控体系，有效防范、化解、管控影响社会安定的问题，保障人民生命财产安全。依法严厉打击暴力恐怖、涉黑犯罪、邪教和黄赌毒等违法犯罪活动，绝不允许其形成气候。依法强化危害食品药品安全、影响生产安全、损害生态环境、破坏网络安全等重点问题治理。此外，十八届四中全会还就法治工作队伍建设、党对全面推进依法治国的领导等重大问题提出了加强和改进要求。

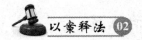

让人民群众在司法案件中感受到公平正义

欠债还钱，天经地义，支付罚息，也理所应当。但是，银行却在本金、罚息之外，另收"滞纳金"，并且还是按复利计算，结果经常导致"滞纳金"远高于本金，成了实际上的"驴打滚"。中国银行某高新技术产业开发区支行起诉信用卡欠费人沙女士，请求人民法院判令沙女士归还信用卡欠款共计375079.3元（包含本金339659.66元及利息、滞纳金共计35419.64元）。银行按每日万分之五的利率计算的利息，以及每个月高达5%的滞纳金，这就相当于年利率高达78%。受理本案的人民法院认为，根据合同法、商业银行法，我国的贷款利率是受法律限制的，最高人民法院在关于民间借贷的司法解释中明确规定：最高年利率不得超过24%，否则就算"高利贷"，不受法律保护。但问题在于，最高法的司法解释针对的是"民间高利贷"，而原告是根据中国人民银行的《银行卡业务管理办法》收取滞纳金的，该如何审理？

释解

在我国社会主义法律体系中，宪法是国家的根本大法，处于最高位阶，一切法律、行政法规、司法解释、地方性法规和规章、自治条例和单行条例都不得与宪法规定精神相违背。依法治国首先必须依宪治国。十八届四中全会重申了宪法第五条关于"一切违反宪法和法律的行为，必须予以追究"的原则，强调要"努力让人民群众在每一个司法案件中感受到公平正义"。此案中，法官引述了宪法第三十三条第二款规定："中华人民共和国公民在法律面前一律平等。"法官认为："平等意味着对等待遇，除非存在差别对待的理由和依据。一方面，国家以贷款政策限制民间借款形成高利；另一方面，在信用卡借贷领域又形成超越民间借贷限制一倍或者几倍的利息。这显然极可能形成一种'只准州官放火，不许百姓点灯'的外在不良观感。"法官从宪法"平等权"等多个层面，提出应对法律作系统性解释，认为"商业银行错误将相关职能部门的规定作为自身高利、高息的依据，这有违合同法及商业银行法的规定"，从而最终驳回了银行有关滞纳金的诉讼请求，仅在本金339659.66元、年利率24%的限度内予以支持。

第二节　建设中国特色社会主义法治体系

十八届四中全会提出："全面推进依法治国，总目标是建设中国特色社会主义法治体系，建设社会主义法治国家。"这是我们党的历史上第一次提出建设中国特色社会主义法治体系的新目标。从"法律体系"到"法治体系"是一个质的飞跃，是一个从静态到动态的过程，是一个从平面到立体的过程。

一、中国特色社会主义法治体系的主要内容

中国特色社会主义法治体系包括完备的法律规范体系、高效的法治实施体系、严密的法治监督体系、有力的法治保障体系、完备的党内法规体系五个子系统。

（一）完备的法律规范体系

建设中国特色社会主义法治体系，全面推进依法治国，需要充分的规范供给为全社会依法办事提供基本遵循。一方面，要加快完善法律、行政法规、地方性法规体系；另一方面，也要完善包括市民公约、乡规民约、行业规章、团体章程在内的社会规范体系。恪守原有单一的法律渊源已无法满足法治实践的需求，有必要适当扩大法律渊源，甚至可以有限制地将司法判例、交易习惯、法律原则、国际惯例作为裁判根据，以弥补法律供给的不足，同时还应当建立对法律扩大或限缩解释的规则，通过法律适用过程填补法律的积极或消极的漏洞。为了保证法律规范的质量和提升立法科学化的水平，应当进一步改善立法机关组成人员的结构，提高立法程序正当化水平，构建立法成本效益评估前置制度，建立辩论机制，优化协商制度，提升立法技术，规范立法形式，确定法律规范的实质与形式标准，设立法律规范的事前或事后的审查过滤机制，构建实施效果评估机制，完善法律修改、废止和解释制度，等等。尤其要着力提高立法过程的实质民主化水平，要畅通民意表达机制以及民意与立法的对接机制，设定立法机关组成人员联系选民的义务，规范立法机关成员与"院外"利益集团的关系，完善立法听取意见（包括听证等多种形式）、整合吸纳意见等制度，建立权力机关内部的制约协调机制，建立立法成员和立法机关接受选民和公众监督的制度，等等。

（二）高效的法治实施体系

法治实施是一个系统工程。首先，要认真研究如何使法律规范本身具有可实施性，不具有实施可能性的法律规范无疑会加大实施成本，甚至即使执法司法人员费尽心机也难以实现。因此，要特别注意法律规范的可操作性、实施资源的配套性、法律规范本身的可接受性以及法律规范自我实现的动力与能力。其次，要研究法律实施所必需的体制以及法律设施，国家必须为法律实施提供强有力的体制、设施与物质保障。再次，要认真研究法律实施所需要的执法和司法人员的素质与能力，要

为法律实施所需要的素质和能力的培训与养成提供必要的条件和机制。又次，要研究法律实施的环境因素，并为法律实施创造必要的执法和司法环境。最后，要研究如何克服法律实施的阻碍和阻力，有针对性地进行程序设计、制度预防和机制阻隔，针对我国现阶段的国情，有必要把排除"人情""关系""金钱""权力"对法律实施的干扰作为重点整治内容。

（三）严密的法治监督体系

对公共权力的监督和制约，是任何法治形态的基本要义；公共权力具有二重性，唯有法律能使其扬长避短和趋利避害；破坏法治的最大危险在一般情况下都来自公共权力；只有约束好公共权力，国民的权利和自由才可能安全实现。有效监督和制约公共权力，要在以下几个方面狠下功夫：要科学配置权力，使决策权、执行权、监督权相互制约又相互协调；要规范权力的运行，为权力的运行设定明确的范围、条件、程序和界限；要防止权力的滥用，为权力的行使设定正当目的及合理基准与要求；要严格对权力的监督，有效规范党内、人大、民主、行政、司法、审计、社会、舆论诸项监督，并充分发挥各种监督的独特作用，使违法或不正当行使权力的行为得以及时有效纠正；要健全权益恢复机制，使受公共权力侵害的私益得到及时赔偿或补偿。

（四）有力的法治保障体系

依法治国是一项十分庞大和复杂的综合性系统工程。要在较短时间内实现十八届四中全会提出的全面推进依法治国的战略目标，任务艰巨而繁重，如果缺少配套的保证体系作为支撑，恐难以持久。普遍建立法律顾问制度。完善规范性文件、重大决策合法性审查机制。建立科学的法治建设指标体系和考核标准。健全法规、规章、规范性文件备案审查制度。健全社会普法教育机制，增强全民法治观念。逐步增加有地方立法权的较大的市数量。深化行政执法体制改革。完善行政执法程序，规范执法自由裁量权，加强对行政执法的监督，全面落实行政执法责任制和执法经费由财政保障制度，做到严格规范公正文明执法。完善行政执法与刑事司法衔接机制。确保依法独立公正行使审判权、检察权。改革司法管理体制，推动省以下地方人民法院、人民检察院人财物统一管理，探索建立与行政区划适当分离的司法管辖制度，保证国家法律统一正确实施。建立符合职业特点的司法人员管理制度，健全法官、检察官、人民警察统一招录、有序交流、逐级遴选机制，完善司法人员分类管理制度，健全法官、检察官、人民警察职业保障制度。健全司法权力运行机制。优化司法职权配置，健全司法权力分工负责、互相配合、互相制约机制，加强和规范对司法活动的法律监督和社会监督。健全国家司法救助制度，完善法律援助制度。完善律师执业权利保障机制和违法违规执业惩戒制度，加强职业道德建设，发挥律师在依法维护公民和法人合法权益方面的重要作用。

（五）完善的党内法规体系

党内法规既是管党治党的重要依据，也是中国特色社会主义法治体系的重要组成部分。由于缺少整体规划，缺乏顶层设计，党内法规存在"碎片化"现象。要在对现有党内法规进行全面清理的基础上，抓紧制定和修订一批重要党内法规，加大党内法规备案审查和解释力度，完善党内法规制定体制机制，形成配套完备的党内法规制度体系，使党内生活更加规范化、程序化，使党内民主制度体系更加完善，使权力运行受到更加有效的制约和监督，使党执政的制度基础更加巩固，为到建党100周年时全面建成内容科学、程序严密、配套完备、运行有效的党内法规制度体系打下坚实基础。

二、以高度自信建设中国特色社会主义法治体系

（一）依法治国、依法执政、依法行政共同推进

依法治国是党领导人民治国理政的基本方式，要依照宪法和法律规定，通过各种途径和形式实现人民群众在党的领导下管理国家事务，管理经济文化事业，管理社会事务，保证国家各项工作都依法进行，逐步实现社会主义民主的制度化、法律化。依法执政是依法治国的关键，要坚持党领导人民制定法律、实施法律并在宪法法律范围内活动的原则，健全党领导依法治国的制度和工作机制，促进党的政策和国家法律互联互动。依法行政是依法治国的重点，要创新执法体制，完善执法程序，推进综合执法，严格执法责任，建立权责统一、权威高效的依法行政体制，加快建设职能科学、权责法定、执法严明、公开公正、廉洁高效、守法诚信的法治政府，切实做到合法行政、合理行政、高效便民、权责统一、政务公开。

（二）法治国家、法治政府、法治社会一体建设

法治国家、法治政府和法治社会是全面推进依法治国的"一体双翼"。法治国家是长远目标和根本目标，建设法治国家的核心要求是实现国家生活的全面法治化；法治政府是重点任务和攻坚内容，建设法治政府的核心要求是规范和制约公共权力；法治社会是组成部分和薄弱环节，建设法治社会的核心是推进多层次多领域依法治理，实现全体国民自己守法、护法。法治国家、法治政府、法治社会一体建设，要求三者相互补充、相互促进、相辅相成。

（三）科学立法、严格执法、公正司法、全民守法相辅相成

十八大以来，党中央审时度势，提出了"科学立法、严格执法、公正司法、全民守法"的十六字方针，确立了新时期法治中国建设的基本内容。科学立法要求完善立法规划，突出立法重点，坚持立改废释并举，提高立法科学化、民主化水平，提高法律的针对性、及时性、系统性、有效性，完善立法工作机制和程序，扩大公众有序参与，充分听取各方面意见，使法律准确反映经济社会发展要求，更好协调利益关系，发挥立法的引领和推动作用。严格执法，要求加强宪法和法律实施，维

护社会主义法制的统一、尊严、权威，形成人们不愿违法、不能违法、不敢违法的法治环境，做到有法必依、执法必严、违法必究。公正司法，要求要努力让人民群众在每一个司法案件中都感受到公平正义，所有司法机关都要紧紧围绕这个目标来改进工作，重点解决影响司法公正和制约司法能力的深层次问题。全民守法，要求任何组织或者个人都必须在宪法和法律范围内活动，任何公民、社会组织和国家机关都要以宪法和法律为行为准则，依照宪法和法律行使权利或权力、履行义务或职责。

（四）与推进国家治理体系和治理能力现代化同脉共振

全面推进依法治国既是实现国家治理现代化目标的基本要求，又是推进国家治理现代化的重要组成部分。法律的强制性、普遍性、稳定性、公开性、协调性等价值属性满足了国家治理对权威性和有效性的要求。法治在治理现代化过程中具有极为重要的意义。民主、科学、文明、法治是国家治理现代化的基本要求，民主、科学、文明都离不开法治的保障。治理现代化需要通过法治手段进一步具体地对应到治理体系的各个领域和每个方面，需要进一步量化为具体的指标体系，包括国权配置定型化、公权行使制度化、权益保护实效化、治理行为规范化、社会关系规则化、治理方式文明化六个方面。在实现治理法治化的过程中，治理主体需要高度重视法治本身的现代化问题，高度重视法律规范的可实施性，高度重视全社会法治信仰的塑造，高度重视治理事务对法治的坚守，高度重视司法公信力的培养。

第三节　提高运用法治思维和法治方式的能力

法治思维是指将党中央关于法治中国建设的基本要求，将国家宪法和法律的相关规定运用于判断、思考和决策，法治方式就是运用法治思维处理和解决问题的行为方式。法治思维与法治方式两者之间属于法治要求内化于心、外化于行的辩证统一关系。简言之，用法律观念来判断问题，用法律方式来处理矛盾和纠纷，这就是法治思维和法治方式。正如习近平同志指出的那样，"各级领导干部要提高运用法治思维和法治方式深化改革、推动发展、化解矛盾、维护稳定能力，努力推动形成办事依法、遇事找法、解决问题用法、化解矛盾靠法的良好法治环境，在法治轨道上推动各项工作"。

一、法治思维和法治方式的基本属性

法治思维和法治方式作为治理能力范畴中的一种新要求，它要求党员干部要带头尊法、学法、守法、用法，自觉地在法律授权范围内活动，切实维护国家法制的统一、尊严和权威，依法保障人民享有广泛的民主权利和自由；法治思维和法治方

式作为治理能力范畴中的一种新理念，它要求党员干部要带头破除重管理轻服务、重治民轻治官、重权力轻职责等积弊，带头荡除以言代法、以权压法、违法行政等沉疴。中国特色社会主义法治特质决定了法治思维和法治方式集中具有以下几个方面的属性要求：职权法定、权力制约、保障人权、程序正当。

（一）职权法定

职权法定是指行政机关及其公职人员的行政权力，来自于法律的明确授权，而非自行设定。因此，行政机关及其公职人员要做到依法行政，首先必须严守法律明确授予的行政职权，必须在法律规定的职权范围内活动。非经法律授权，不得作出行政管理行为；超出法律授权范围，不享有对有关事务的管理权，否则都属于行政违法。正如党的十八届四中全会强调的那样，"行政机关不得法外设定权力，没有法律法规依据不得作出减损公民、法人和其他组织合法权益或者增加其义务的决定"。坚持职权法定，首先在思想上要牢固树立宪法和法律的权威。宪法是国家的根本法，是治国安邦的总章程，任何法律和规范性文件都不得与宪法相抵触。依据宪法而制定的法律是全社会一体遵循的行动准则，任何人都不享有超越法律的特权。要注意培养依法办事的良好工作作风，切实做到办事依法、遇事找法、解决问题用法、化解矛盾靠法，在法治轨道上推动各项工作。有关部门要切实按照中央的要求，把法治建设成效作为衡量各级领导班子和领导干部工作实绩的重要内容，纳入政绩考核指标体系。把能不能遵守法律、依法办事作为考察干部的重要内容，在相同条件下，优先提拔使用法治素养好、依法办事能力强的干部。对特权思想严重、法治观念淡薄的干部要批评教育，不改正的要调离领导岗位。

（二）权力制约

权力制约是中国特色社会主义法治理念中的一项基本原则，这一原则贯穿于宪法始终，体现在各部法律之内。我国现行宪法对国家权力的设定充分体现了权力的分工与制约原则。首先，宪法明确规定国家的一切权力属于人民。其次，宪法在人民代表和国家机关及其工作人员的关系上，规定人民代表由人民选举产生，对人民负责，接受人民监督。人民有权对国家机关及其工作人员提出批评、建议、控告、检举等。最后，宪法规定国家行政机关、审判机关、检察机关都由人大产生，对它负责，受它监督。此外，我国宪法为充分保证执法机关正确执法，还明确规定了行政机关和司法机关在本系统内实行监督和制约。权力制约是法治国家的基本特征。改革开放以来，党和国家高度重视对权力的监督制约，党的十七大报告明确提出，要完善制约和监督机制，保证人民赋予的权力始终用来为人民谋利益；确保权力正确行使，必须让权力在阳光下运行；要坚持用制度管权、管事、管人，建立健全决策权、执行权、监督权既相互制约又相互协调的权力结构和运行机制。习近平总书记在首都各界纪念现行宪法公布施行30周年大会上的讲话中强调："我们要健全权力运行制约和监督体系，有权必有责，用权受监督，失职要问责，违法要追究，保证人民赋予的权力始终用来为人民谋利益。"

（三）保障人权

我们党长期注重尊重和保障人权。早在新民主主义革命时期，中国共产党就在所领导的红色革命根据地内颁布了《中华苏维埃共和国宪法大纲》《陕甘宁边区施政纲领》《陕甘宁边区宪法原则》等宪法性文件，明确规定保障人民权利的内容。抗战时期，为广泛调动一切抗日力量，各根据地人民政府普遍颁布和实施了保障人权的法令。新中国成立后的第一部宪法，就将公民的人身、经济、政治、社会、文化等方面的权利用根本大法的形式固定下来。20世纪80年代末，我们党就明确提出，社会主义中国要把人权旗帜掌握在自己手中。1991年11月1日，国务院新闻办公室向世界公布了新中国第一份《中国的人权状况》的白皮书，以政府文件的形式正面肯定了人权在中国政治发展中的地位。1997年9月，党的十五大明确提出："共产党执政就是领导和支持人民掌握管理国家的权力，实行民主选举、民主决策、民主管理和民主监督，保证人民依法享有广泛的权利和自由，尊重和保障人权。"此后，尊重和保障人权成为了中国共产党执政的基本目标和政治体制改革与民主法制建设的一个重要内容。2004年3月，十届全国人大二次会议通过宪法修正案，首次将"人权"概念载入宪法，明确规定"国家尊重和保障人权"。至此，尊重和保障人权上升为国家的一项宪法原则，成为行政执法活动中一条不应逾越的底线。

（四）程序正当

程序正当是社会主义法治对行政活动提出的一项基本要求。具体地说，程序正当是指行政机关行使行政权力、实施行政管理时，除涉及国家秘密和依法受到保护的商业秘密、个人隐私外，都应当公开，注意听取公民、法人和其他组织的意见；要严格遵循法定程序，依法保障行政管理相对人、利害关系人的知情权、参与权和救济权。履行职责的行政机关工作人员与行政管理相对人存在利害关系时，应当回避。实践中，以保密为由拒绝向相对人提供依法应当提供的相关信息；作出行政决定没有听取相对人的意见和申辩；履行行政职责的行政机关工作人员缺乏回避意识等情况屡见不鲜。这种重实体、轻程序的现象历史上长期存在，行政机关与相对人之间更多地表现为一种命令与服从的关系。改革开放以来，尤其是在全面推进依法治国的进程中，程序正当逐步被提到了应有的位置。程序正当在许多单行法中有着明确的规定。如行政处罚法第四十二条就明确规定，行政机关作出责令停产停业、吊销许可证或者执照、较大数额罚款等行政处罚决定之前，应当告知当事人有要求举行听证的权利；当事人要求听证的，行政机关应当组织听证。党的十八届三中全会更是明确要求："完善行政执法程序，规范执法自由裁量权，加强对行政执法的监督，全面落实行政执法责任制和执法经费由财政保障制度，做到严格规范公正文明执法。"强调程序正义，不仅在于它是法治文明进步的重要成果，而且在于程序正义的维护和实现有助于增强法律实施的可接受性。

以案释法 03

化解矛盾终究须靠法

2005年6月11日凌晨4时30分，为驱赶因征地补偿纠纷而在工地驻守阻止施工的河北省定州市某村部分村民，260余名社会闲散人员携带猎枪、棍棒、铁管、弩等工具，肆意使用暴力进场驱赶、伤害村民，造成6人死亡，15人重伤，多人轻伤、轻微伤的特别严重后果。最终，该案的组织策划者、骨干分子等主要案犯全部被抓获，共有248名犯罪嫌疑人到案。已批捕31人，刑拘131人。该案中定州市原市委书记和某等6人被判处无期徒刑，剥夺政治权利终身；其他被告人分别被判处15年至6年有期徒刑。

释解

定州"6·11"案件是因河北省有史以来投资最大的项目——国华定州发电有限公司征地而引发。国华定州发电公司是国家"十五"时期重点项目，该项目能够落户定州，是经过六届市委、市政府的艰苦努力，历时13年才争取到的。如此一个争取多年才得到的项目，之所以最终引发了特别严重的后果，固然由很多方面的原因所造成，但其中最为直接的一个原因在于，原市委书记和某面临着久拖不决的征地事件，没有"办事依法、遇事找法、解决问题用法、化解矛盾靠法"，而是轻信了"小兄弟"的承诺，适当给村民们一点教训，结果一批社会闲杂人员凌晨闯入现场，场面顿时失控。此时，尽管和某在现场曾带着哭腔劝说不能伤及村民身体要害部位，但也无力回天。事情的最终结局还是回到法律的层面上来解决，但却付出了极其沉痛的代价。

二、培养法治思维和法治方式的基本途径

全面推进依法治国是国家治理领域的一场深刻革命，培养法治思维和法治方式是一项长期的系统工程。实践表明，任何一种思维方式和行为方式的养成，往往都要经历一个深入学习、深刻领会、坚定信念、反复践行、形成习惯，最后升华到品格的过程。法治思维和法治方式的培养，既是个理论问题又是个实践问题，因此更不会例外。

（一）在深入学习中提高认识

通过长期的不懈努力，一个立足中国国情和实际、适应改革开放和社会主义现代化建设需要、集中体现党和人民意志的，以宪法为统帅，以宪法相关法、民法、

商法等多个法律部门的法律为主干，由法律、行政法规、地方性法规与自治条例、单行条例等多层次法律规范构成的中国特色社会主义法律体系已经形成。这个法律体系是法治思维和法治方式的基础内容和基本遵循。因此，培养法治思维和法治方式，必须要结合实际，深入学习宪法和法律的相关规定，切实做到严格依法行使职权、履行职责。

（二）在依法履职中严守底线

党的十八届四中全会明确提出了法治建设的"五项原则"，即坚持中国共产党的领导、坚持人民主体地位、坚持法律面前人人平等、坚持依法治国和以德治国相结合、坚持从中国实际出发，从而为党员干部树立正确的法治理念指明了根本方向，提供了基本遵循。全会还明确要求"行政机关要坚持法定职责必作为、法无授权不可为"。坚持依法履行职责、法无授权不可为是依法行政的底线。行政机关的岗位职责来自于法律授权，必须要牢固树立岗位权力清单意识，在想问题、作决策和办事情中，必须严格遵循法律规则和法定程序，切实做到依法尽职、依法行权。

（三）在依法决策中化解风险

在依法治国不断深入、法律制度不断完备、法律责任日渐明晰的当今，行政机关不依法决策往往成为行政权力运行中的一大风险，成为行政机关承担法律责任、坐上被告席的一大原因。为此，党的十八届四中全会明确提出要健全依法决策机制。各级行政机关及公职人员必须强化责任意识和风险意识，严格遵守重大行政决策法定程序，采取公众参与、专家论证、风险评估、合法性审查、集体讨论决定等法定的程序和办法，确保决策内容合法、程序合法，切实有效防范因决策违法而承担的相应法律责任。

（四）在文明执法中培养品格

依法行政是文明执法的基础和保障，行政公开是文明执法的重要标志。党的十八届三中全会明确要求，"推行地方各级政府及其工作部门权力清单制度，依法公开权力运行流程。完善党务、政务和各领域办事公开制度，推进决策公开、管理公开、服务公开、结果公开"。行政机关及公职人员唯有依据相关法规制度，细化执法操作流程，明确执法权限、坚守法律底线，切实按照法定的许可、收费、检查、征收、处罚和强制等法定权限和程序要求，严格规范和监督执法行为，才能在维护人民群众切身利益的过程中，树立起人民公仆的良好形象，才能有效培养良好的法治思维和法治行为的工作作风与品格。

（五）在接受监督中展示形象

公正执法、带头守法是依法行政的生命力所在。2002年11月召开的党的十六大就明确提出了"加强对执法活动的监督，推进依法行政"。2014年召开的党的十八届四中全会更是明确要求，"必须以规范和约束公权力为重点，加大监督力度，做到有权必有责、用权受监督、违法必追究，坚决纠正有法不依、执法不严、违法不究行为"。强化行政执法监督成为推进依法行政和建设法治政府的一项重要抓手。行政机关及其公职人员在行政执法过程中，要依法自觉接受人大机关的法律监督、上级部门的组织监督、人民政协的民主监督、社会公众的群众监督、相关媒体的舆论监督，通过多种形式了解群众心声，彰显行政执法的公平公正属性，展示依法行政、法治政府的良好形象。

权力不能越出制度的笼子

　　某市发展和改革委员会于2010年7月对10家企业作出废弃食用油脂定点回收加工单位备案，其中包括该市某化工厂和某废油脂回收处理中心。2012年11月，该市某区人民政府发出通知，明确指定该市某再生资源开发有限公司实施全区餐厨废弃物收运处理。该区城市管理局和区商务局于2014年3月发出公函，要求落实文件规定，各生猪屠宰场点必须和某再生资源开发有限公司签订清运协议，否则将进行行政处罚。某新能源有限公司对规定不服，诉至法院，请求撤销该文对某再生资源开发有限公司的指定，并赔偿损失。该市中级人民法院一审认为，被告某区政府在文件中的指定，实际上肯定了某再生资源开发有限公司在该区开展餐厨废弃物业务的资格，构成实质上的行政许可。区城市管理局和区商务局作出的公函已经表明被告的指定行为事实上已经实施。根据行政许可法相关规定，行政机关受理、审查、作出行政许可应当履行相应的行政程序，被告在作出指定前，未履行任何行政程序，故被诉行政行为程序违法。被告采取直接指定的方式，未通过招标等公平竞争的方式，排除了其他可能的市场参与者，构成通过行政权力限制市场竞争，违反了该省餐厨废弃物管理办法第十九条和反垄断法第三十二条的规定。被告为了加强餐厨废弃物处理市场监管的需要，对该市场的正常运行作出必要的规范和限制，但不应在行政公文中采取明确指定某一公司的方式。原告某新能源有限公司对其赔偿请求未提交证据证实，法院对此不予支持。遂判决撤销被告在文件中对某再生资源开发有限公司指定的行政行为，驳回原告的其他诉讼请求。一审宣判后，双方当事人均未上诉。

　　我国法院每年办理的10余万件一审行政案件中，与经济管理和经济领域行政执法密切相关的案件占到30%以上，涉及的领域和类型也越来越丰富。本案是涉及行政垄断的典型案件。行政垄断指行政机关滥用行政权力，违法提高市场准入门槛、违法指定特定企业从事特定业务、违法设置条件限制其他企业参与竞争等行为。它侵犯了市场主体的公平竞争权，对经济活动的正常运行、商品的自由流通乃至政府的内外形象都会造成较大破坏和不利影响，我国反垄断法和反不正当竞争法对此明令禁止。本案中，该区政府在行政公文中直接指定某再生资源开发有限公司，未通过招标等公平竞争方式，排除了其他可能的市场参与者，构成通过行政权力限制市场竞争的违法情形。新修改的行政诉讼法将"滥用行政权力侵犯公平竞争权"明确纳入受案范围，就是为突出行政审判对市场正常竞争秩序的有力维护。随着法治不断进步，公民、法人等各类市场主体在运用行政诉讼法律武器依法维权、监督和规制行政垄断方面，将发挥越来越大的作用。

第四节　"谁执法谁普法"的普法责任制

2015年是全面推进依法治国的开局之年，如何让法治理念、法治思维、法治精神、法治信仰入脑入心，成为全民共识，是深入开展普法教育的关键。中共中央、国务院转发了《中央宣传部、司法部关于在公民中开展法治宣传教育的第七个五年规划 (2016—2020年)》提出，实行国家机关"谁执法谁普法"的普法责任制。"谁执法谁普法"，即以法律所调整的社会关系的种类和所涉及的部门、行业为主体，充分发挥行业优势和主导作用，在抓好部门、行业内部法治宣传教育的同时，负责面向重点普法对象，面向社会宣传本部门、本行业所涉及和执行的法律法规。实行"谁执法谁普法"工作原则，是贯彻落实"七五"普法规划的重要举措，有利于充分发挥执法部门、行业职能的优势和主导作用，扩大普法依法治理工作覆盖面，增强法治宣传教育的针对性、专业性，促进执法与普法工作的有机结合，进一步加大普法工作力度，真正形成部门、行业分工负责、各司其职、齐抓共管的大普法工作格局。

一、"谁执法谁普法"是法治国家的新要求

实行国家机关"谁执法谁普法"的普法责任制，建立法官、检察官、行政执法人员、律师等以案释法制度，加强普法讲师团、普法志愿者队伍建设。执法和司法人员普法具有天然的优势。严格执法、公正司法是法治信仰最好的支撑，也是最好的普法实践。将普法与立法、司法、执法关联在一起具有重要的现实意义。法的执行力既需要靠执法机关执法办案，也要靠全民守法来实现。法的贯彻执行需要靠大家守法，守法的前提是普法，让百姓知道法律。"谁执法谁普法"体现了法治中国的新要求，凸显了执法主体对普法的重要责任。执法机关对其执法对象、执法内容、执法当中存在的问题最了解，他们开展普法也更具针对性、及时性、有效性。国家机关的工作涉及人民群众学习、生活、工作的方方面面，由执法者在为群众办事过

程中进行普法教育，更具有亲历性和普及性，更利于人民群众接受。如交警部门宣传交通法规，税务部门宣传税法，劳动保障部门宣传劳动保障的相关法律法规。

二、"谁执法谁普法"指导思想

以党的十八大和十八届三中、四中全会精神及习近平总书记系列重要讲话精神为指导，坚持围绕中心、服务大局，坚持创新形式、注重实效，坚持贴近基层、服务群众，以建立健全法治宣传教育机制为抓手，以开展"学习宪法、尊法守法"等主题活动为载体，通过深入开展法治宣传教育，充分发挥法治宣传教育在法治建设中的基础性作用，进一步形成分工负责、各司其职、齐抓共管的普法工作格局，通过实行"谁执法谁普法"教育活动，普及现有法律法规，提升执法人员的法治观念和行政执法水平，增强相关法治主体的法律意识，营造全社会关注、关心法治的浓厚氛围，推动形成自觉守法用法的社会环境，为经济建设营造良好的法治环境。

三、"谁执法谁普法"工作原则

（一）坚持执法办案与普法宣传相结合的原则

使普法宣传教育渗透执法办案全过程，利用以案释法、以案普法、以案学法等方式普及法律常识，通过文明执法促进深度普法，通过广泛普法促进文明执法。在各行业监管中，以行政执法、公众参与、以案释法为导向，形成行政执法人员以案释法工作长效机制，实行长态化普法。在执法工作中，要加大对案件当事人的法律宣传教育，只有在当事人中积极进行法律知识和典型案例的宣传，才能起到事半功倍的宣传效果，才能让广大群众更为有效地学习法律知识，才能从实际案件中学法、懂法、用法，有效维护自身权利。

（二）坚持日常宣传与集中宣传相结合的原则

各机关单位根据担负职能和工作特点，在广泛开展法治宣传的同时，以各自业务领域为主要方向，结合"宪法法律宣传月"和"3·15""12·4"法治宣传日等特殊时段和节点。面向执法对象、服务对象和社会公众开展广泛的群众性法治宣传活动。开展各类重点突出、针对性强的集中法治宣传活动，切实增强工作的实效性。

（三）坚持上下联动和属地管理相结合的原则

强化上级部门对下级部门、主管部门对下属单位的指导，坚持市、县、乡三级联动普法。落实普法工作属地管理责任，强化地方党委政府对部门普法工作的监督考核，努力形成党委领导、人大监督、政府实施、政协支持、各部门协作配合、全社会共同参与的法治宣传教育新格局。

四、"谁执法谁普法"的主要任务

（一）切实落实普法工作责任制

"谁执法谁普法"工作责任主体要结合自身实际，将普法工作纳入全局工作统筹安排，制定切实可行的年度普法工作计划。健全完善普法领导机制，明确领导职责，加强普法办公室的建设，保证普法工作所需人员和经费。

（二）着力强化法律法规宣传教育

1.认真开展面向社会的普法活动

结合"12·4"国家宪法日、"4·7"世界卫生日、"7·11"世界人口日等各种主题活动，通过集中宣传咨询、印发资料、LED屏滚动播出等方式，以及网站、微信、微博、广播、电视、报刊等传播平台，围绕行业普法工作重点以及群众关心的热点问题和行业执法工作的重点，开展面向大众的法治宣传教育活动。

2.扎实做好系统内人员的法治教育

以社会主义法治理念、宪法和国家基本法律法规、依法行政以及反腐倡廉、预防职务犯罪等法律知识为重点，把法治教育与政治理论教育、理想信念教育、职业道德教育、党的优良传统和作风教育结合起来，通过集中办班、举办讲座、召开研讨交流会、组织或参加法律知识考试、自学等方式，加大系统内工作人员法治学习力度，不断增强领导干部和工作人员的法治理念、法律素养和依法行政、依法管理的能力。

（三）大力推进普法执法有机融合

寓普法于执法之中，把普法与执法紧密结合起来，使执法过程成为最生动的普法实践，大力促进普法与执法的有机融合。让法治宣传渗透执法办案的各环节、全过程，利用以案释法、现身说法等形式向社会大众传播法律、宣传法律，通过深化普法，预防违法行为，减少执法阻力，巩固执法成果。

（四）全面建立以案释法制度体系

1.建立典型案例评选制度

以案释法是利用身边或实际生活中发生的案例诠释法律的过程，要精心筛选具有重大典型教育意义、社会关注度高、与群众关系密切的"身边的案例""成熟的案例""针对性强的案例"，作为释法重点。定期开展行政执法案卷质量评查活动，评选出具有行业特点且与社会大众生活健康息息相关的典型案例。

2.建立典型案例传播制度

通过在部门网站设立以案释法专栏、免费发放典型案例宣传册等方式，以案释法、以案讲法，让公众进一步了解事实认定、法律适用的过程，了解案件审理、办结的情况。加强与新闻媒体的联系协调，推动落实新闻媒体的公益普法责任，充分发挥新闻媒体的法治传播作用。探索与媒体合作举办以案释法类节目，邀请媒体参与执法，积极引导社会法治风尚，增强法治宣传的传播力和影响力。

3.建立以案释法公开告知制度

在执法过程中，即时告知执法的法律依据，让行政相对人充分了解有关法律规定，知晓自身行为的违法性、应受到的处罚以及维权救济途径。有针对性地分行业定期举办执法相对人法律法规知识培训，通过强化岗前培训、岗位复训、分层培训，切实提高从业人员自身素质和法治意识。与社区合作，通过举办法治讲座、法律讲堂和开展送法进社区等形式，深入浅出地宣传法律及执法情况，释疑解惑，为各类普法对象宣讲典型案例，以身边人说身边事，用身边事教育身边人，推动法治宣传教育贴近基层、贴近百姓、贴近生活。

五、"谁执法谁普法"的工作要求

（一）高度重视，提高认识

充分认识法治宣传教育对全面推进法治建设的重要意义，实行国家机关"谁执法谁普法"的普法责任制是党的十八届四中全会提出的推动全社会树立法治意识的重要举措，也是推动"七五"普法决议落实、全面完成"七五"普法规划的工作要求。要充分认识开展这项工作的重要性和艰巨性，坚持把全民普法和守法作为依法治国的长期基础性工作，常抓不懈，把落实普法责任作为一项基本的职能工作。

（二）加强领导，明确责任

"谁执法谁普法"是一项涉及面广、工作要求高的系统工程，各单位和部门应按照中央的要求，切实加强对"谁执法谁普法"工作的组织领导，具体抓好落实。要明确工作目标、细化工作方案、创新工作举措、落实工作责任，确保"谁执法谁普法"工作落到实处，见到实效。

（三）创新模式，增强实效

充分发挥主导作用和职能优势，全面结合职责范围、行业特点、普法对象的实际情况和依法治理需要及社会热点，及时跟进相关法律法规的重点宣传。发挥广播、电视、报刊、网络和移动通讯等大众媒体的重要作用，用群众喜闻乐见、寓教于乐的形式突出以案释法、以案普法等，通过多种形式创新开展有特色、有影响、有实效的法治宣传。

（四）强化考核，落实责任

将"谁执法谁普法"工作落实情况纳入依法治理的目标绩效考核，同时对普法宣传工作进行督查，对采取措施不得力、工作不到位、目标未完成的单位予以督促并统一纳入年终考核评价体系，对工作突出的先进集体和先进个人予以表扬。

第二章

宪　法

　　宪法是国家的根本大法。它规定了社会各阶级在国家中的地位，是新时期党和国家的中心工作、基本原则、重大方针、重要政策在国家法制上的最高体现，是国家的根本法和治国安邦的总章程。

　　我国现行宪法符合国情、符合实际、符合时代发展要求，充分体现了人民共同意志、充分保障了人民民主权利、充分维护了人民根本利益，是推动国家发展进步、保障人民生活幸福、保障中华民族实现伟大复兴的根本制度。

　　宪法具有最高的法律效力，任何组织和个人都必须尊重宪法法律权威，都必须在宪法法律范围内活动，都必须依照宪法法律行使权力或权利、履行职责或义务，都不得有超越宪法法律的特权。

第一节　概述

一、宪法是国家的根本大法

　　宪法是规定国家根本制度和根本任务，规定国家机关的组织与活动的基本原则，确认和保障公民基本权利，集中表现各种政治力量对比关系的国家根本法。

　　宪法的根本性表现在以下四个方面：

　　第一，在内容上，宪法规定国家的根本制度、政权组织形式、国家结构形式、公民基本权利和基本义务、宪法实施的保障等内容，反映一个国家政治、经济、文化和社会生活的基本方面。

　　第二，在效力上，宪法在整个法律体系中处于最高的地位，具有最高效力。它是其他法律的立法依据，其他的一般法律都不得抵触宪法。

第三，在规范性上，宪法是各政党、一切国家机关、武装力量、社会团体和全体公民的最根本的行为准则。

第四，在修改程序上，宪法的制定和修改程序比其他一般法律的程序更为严格。

二、我国宪法的地位

中华人民共和国成立后，国家先后颁行了四部宪法。我国的现行宪法是在1982年通过的，至今已经进行了四次修改。

宪法以法律的形式确认了我国各族人民奋斗的成果，规定了国家的根本制度、根本任务和国家生活中最重要的原则，具有最大的权威性和最高的法律效力。全国各族人民、一切国家机关和武装力量、各政党和各社会团体、各企业事业组织，都必须以宪法为根本的活动准则，并负有维护宪法尊严、保证宪法实施的职责。作为根本法的宪法，是中国特色社会主义法律体系的重要组成部分，也是法律体系最核心和最重要的内容。

三、宪法的指导思想

宪法指导思想的明确，经历了一个逐步发展完善的过程。

第一阶段：四项基本原则。

1982年现行宪法制定，确立宪法的指导思想是四项基本原则，即坚持社会主义道路，坚持人民民主专政，坚持中国共产党的领导，坚持马克思列宁主义、毛泽东思想。

第二阶段：建设有中国特色社会主义的理论和党的基本路线。

1993年第二次修宪，以党的十四大精神为指导，突出了建设有中国特色社会主义的理论和党的基本路线。

第三阶段：增加邓小平理论。

1999年第三次修宪，将邓小平理论写入宪法，确立邓小平理论在国家中的指导思想地位。

第四阶段：增加"三个代表"重要思想。

2004年第四次修宪，将"三个代表"重要思想载入宪法，确立其在国家中的指导思想地位。

四、宪法基本原则

（一）人民主权原则

宪法第二条第一款规定："中华人民共和国的一切权力属于人民。""一切权力属于人民"是无产阶级在创建无产阶级政权过程中，在批判性地继承资产阶级民主思想的基础上，对人民主权原则的创造性运用和发展。

（二）基本人权原则

我国宪法第二章"公民的基本权利和义务"专章规定和列举了公民的基本权利，

体现了对公民的宪法保护。2004年的宪法修正案把"国家尊重和保障人权"写入宪法，将中国的宪政发展向前推进了一大步。

（三）法治原则

宪法第五条第一款规定了"中华人民共和国实行依法治国，建设社会主义法治国家"，在宪法上正式确立了法治原则。宪法还规定，一切国家机关和武装力量、各政党和各社会团体、各企业事业组织都必须遵守宪法和法律；一切违反宪法和法律的行为，必须予以追究；任何组织和个人都不得有超越宪法和法律的特权。

（四）民主集中制原则

宪法第三条第一款规定："中华人民共和国的国家机构实行民主集中制的原则。"这既是我国国家机构的组织和活动原则，也是我国宪法的基本原则。

五、宪法确定的国家根本任务

宪法确定的国家的根本任务是：沿着中国特色社会主义道路，集中力量进行社会主义现代化建设。中国各族人民将继续在中国共产党领导下，在马克思列宁主义、毛泽东思想、邓小平理论和"三个代表"重要思想指引下，坚持人民民主专政，坚持社会主义道路，坚持改革开放，不断完善社会主义的各项制度，发展社会主义市场经济，发展社会主义民主，健全社会主义法制，自力更生，艰苦奋斗，逐步实现工业、农业、国防和科学技术的现代化，推动物质文明、政治文明和精神文明协调发展，把我国建设成为富强、民主、文明的社会主义国家。

以案释法 05

一切违反宪法和法律的行为都必须予以追究

2014年8月12日凌晨，公安分局民警在处理一起纠纷案件时，发现人大代表张某涉嫌酒后驾车。随后，前来处理的松江交警支队民警对其进行酒精呼气测试，结果为136毫克/100毫升。另经司法鉴定中心检验和鉴定，张某的血液中乙醇浓度为1.25mg/mL，达到了醉酒状态。经过侦查，张某涉嫌危险驾驶，公安分局决定对张某采取刑事强制措施。由于张某有县人大代表的身份，8月14日，公安分局向该县人大常委会发去关于提请批准对涉嫌危险驾驶罪的县人大代表张某采取刑事拘留强制措施的函。10月24日，县十六届人大常委会二十五次会议听取和审议了关于提请许可对县第十六届人大代表张某采取刑事拘留强制措施并暂停其执行代表职务的议案，并依法进行表决。常委会组成人员21名，实到会17名，表决结果：赞成8票，反对1票，弃权8票。因票数未过常委会组成人员的半数，该议案未获通过。11月27日，警方再次提出对张某采取刑事拘留强制措施的申请，该县人大常委会会议审议通过了再次提请的议案，许可公安分局对张某采取刑事拘留强制措施，并从当日起暂时停止其执行代表职务。

 释解

宪法第五条第四款规定："一切国家机关和武装力量、各政党和各社会团体、各企业事业组织都必须遵守宪法和法律。一切违反宪法和法律的行为，必须予以追究。"在我国，任何组织或者个人都不得有超越宪法和法律的特权。从人大代表履职需要出发，我国相关法律赋予人大代表以特别的人身保障权，但法律保护的是人大代表的合法权益而不是违法行为。人大代表身份不能成为违法犯罪行为的"护身符"，本案的侦办体现了"一切违反宪法和法律的行为，必须予以追究"的宪法规定在司法实践中得到严格执行。

第二节　我国的基本政治经济制度

一、我国的基本政治制度

（一）人民民主专政

宪法所称的国家性质又称国体，是指国家的阶级本质，反映社会各阶级在国家中的地位，体现该国社会制度的根本属性。

我国宪法第一条第一款规定"中华人民共和国是工人阶级领导的、以工农联盟为基础的人民民主专政的社会主义国家"，即人民民主专政是我国的国体。这一国体需要从以下方面理解：

第一，工人阶级的领导是人民民主专政的根本标志。工人阶级的领导地位是由工人阶级的特点、优点和担负的伟大历史使命所决定的。工人阶级对国家的领导是通过自己的先锋队——中国共产党来实现的。

第二，人民民主专政包括对人民实行民主和对敌人实行专政两个方面。在人民内部实行民主是实现对敌人专政的前提和基础，而对敌人实行专政又是人民民主的有力保障，两者是辩证统一的关系。人民民主专政实质上就是无产阶级专政。

第三，共产党领导下的多党合作与爱国统一战线是中国人民民主专政的主要特色。爱国统一战线是指由中国共产党领导的，由各民主党派参加的，包括社会主义劳动者、社会主义事业的建设者、拥护社会主义的爱国者和拥护祖国统一的爱国者组成的广泛的政治联盟。目前我国爱国统一战线的任务是为社会主义现代化建设服务，为实现祖国统一大业服务，为维护世界和平服务。

（二）人民代表大会制度

人民代表大会制度是中国人民民主专政的政权组织形式（政体），是中国的根本政治制度。

1. 人民代表大会制度的主要内容

国家的一切权力属于人民。人民行使国家权力的机关是全国人大和地方各级人大。各级人大都由民主选举产生，对人民负责，受人民监督。人大及其常委会集体行使国家权力，集体决定问题，严格按照民主集中制的原则办事。国家行政机关、审判机关、检察机关都由人大产生，对它负责，向它报告工作，受它监督。全国人大是最高国家权力机关，地方各级人大是地方国家权力机关。全国人大和地方各级人大各自按照法律规定的职权，分别审议决定全国的和地方的大政方针。全国人大对地方人大不是领导关系，而是法律监督关系、选举指导关系和工作联系关系。

2. 人民代表大会制度的优越性

人民代表大会制度是适合我国国情的根本政治制度，它直接体现我国人民民主专政的国家性质，是建立我国其他国家管理制度的基础。它有利于保证国家权力体现人民的意志；它有利于保证中央和地方国家权力的统一；它有利于保证我国各民族的平等和团结。

总之，我国人民代表大会制度能够确保国家权力掌握在人民手中，符合人民当家作主的宗旨，适合我国的国情。

（三）中国共产党领导的多党合作和政治协商制度

中国共产党领导的多党合作和政治协商制度是中华人民共和国的一项基本的政治制度，是具有中国特色的政党制度。这种政党制度是由中国人民民主专政的国家性质决定的。

1. 多党合作制度的基本内容

中国共产党是执政党，各民主党派是参政党，中国共产党和各民主党派是亲密战友。中国共产党是执政党，其执政的实质是代表工人阶级及广大人民掌握人民民主专政的国家政权。各民主党派是参政党，具有法律规定的参政权。其参政的基本点是：参加国家政权，参与国家大政方针和国家领导人人选的协商，参与国家事务的管理，参与国家方针、政策、法律、法规的制定和执行。中国共产党和各民主党派合作的首要前提和根本保证是坚持中国共产党的领导和坚持四项基本原则。中国共产党与各民主党派合作的基本方针是"长期共存，互相监督，肝胆相照，荣辱与共"。中国共产党和各民主党派以宪法和法律为根本活动准则。

2. 多党合作的重要机构

中国人民政治协商会议，简称"人民政协"或"政协"，是中国共产党领导的多党合作和政治协商的重要机构，,也是中国人民爱国统一战线组织。中国人民政治协商会议是在中国共产党领导下，由中国共产党、各个民主党派、无党派民主人士、人民团体、各少数民族和各界的代表，台湾同胞、港澳同胞和归国侨胞的代表，以及特别邀请的人士组成，具有广泛的社会基础。

人民政协的性质决定了它与国家机关的职能是不同的。人民政协围绕团结和民主两大主题履行政治协商、民主监督和参政议政的职能。

（四）民族区域自治制度

民族区域自治制度，是指在国家统一领导下，各少数民族聚居的地方实行区域自治，设立自治机关，行使自治权的制度。

1.自治机关

民族自治地方按行政地位，分为自治区、自治州、自治县。自治区相当于省级行政单位，自治州是介于自治区与自治县之间的民族自治地方，自治县相当于县级行政单位。民族自治地方的自治机关是自治区、自治州、自治县的人大和人民政府。民族自治地方的自治机关实行人民代表大会制度。

2.自治权

民族自治地方的自治权有以下几个方面：

（1）民族立法权。民族自治地方的人大有权依照当地的政治、经济和文化的特点，制定自治条例和单行条例。

（2）变通执行权。上级国家机关的决议、决定、命令和指标，如果不适合民族自治地方实际情况，自治机关可以报经上级国家机关批准，变通执行或者停止执行。

（3）财政经济自主权。凡是依照国家规定属于民族自治地方的财政收入，都应当由民族自治地方的自治机关自主安排使用。

（4）文化、语言文字自主权。民族自治地方的自治机关在执行公务的时候，依照本民族自治地方自治条例的规定，使用当地通用的一种或者几种语言文字。

（5）组织公安部队权。民族自治地方的自治机关依照国家的军事制度和当地的实际需要，经国务院批准，可以组织本地方维护社会治安的公安部队。

（6）少数民族干部具有任用优先权。

（五）基层群众自治制度

基层群众自治制度是指人民依法组成基层自治组织，行使民主权利，管理基层公共事务和公益事业，实行自我管理、自我服务、自我教育、自我监督的一项制度。

中国的基层群众自治制度，是在新中国成立后的民主实践中逐步形成的。党的十七大将"基层群众自治制度"首次写入党代会报告，正式与人民代表大会制度、中国共产党领导的多党合作和政治协商制度、民族区域自治制度一起，纳入了中国特色政治制度范畴。

我国的基层群众自治组织主要是居民委员会和村民委员会。

二、我国的基本经济制度

（一）所有制度

1. 我国的所有制结构概述

我国的所有制结构是公有制为主体、多种所有制经济共同发展。这是我国社会主义初级阶段的一项基本经济制度，它的确立是由我国的社会主义性质和初级阶段的国情决定的。我国是社会主义国家，必须坚持把公有制作为社会主义经济制度的基础。我国处在社会主义初级阶段，需要在公有制为主体的条件下发展多种所有制经济。一切符合"三个有利于"的所有制形式都可以而且应该用来为社会主义服务。我国社会主义建设正反两方面的经验都表明必须坚持以公有制为主体、多种所有制经济共同发展。

2. 公有制

（1）公有制的内容。公有制是生产资料归劳动者共同所有的所有经济结构形式，包括全民所有制和集体所有制。全民所有制经济即国有经济，是国民经济的主导力量。国家保障国有经济的巩固和发展。集体所有制经济是国民经济的基础力量。国家保护城乡集体经济组织的合法的权利和利益，鼓励、指导和帮助集体经济的发展。

（2）公有制的地位。公有制是我国所有制结构的主体，它的主体地位体现在：第一，就全国而言，公有资产在社会总资产中占优势；第二，国有经济控制国民经济的命脉，对经济发展起主导作用。国有经济的主导作用主要体现在控制力上，即体现在控制国民经济发展方向，控制经济运行的整体态势，控制重要稀缺资源的能力上。在关系国民经济的重要行业和关键领域，国有经济必须占支配地位。

（3）公有制的作用。生产资料公有制是社会主义经济的根本特征，是社会主义经济制度的基础，是国家引导、推动经济和社会发展的基本力量，是实现最广大人民群众根本利益和共同富裕的重要保证。坚持公有制为主体，国有经济控制国民经济命脉，对发挥社会主义制度的优越性，增强我国的经济实力、国防实力和民族凝聚力，提高我国国际地位，具有关键性作用。

3. 非公有制

非公有制经济是我国现阶段除了公有制经济形式以外的所有经济结构形式，主要包括个体经济、私营经济、外资经济等。

（1）个体经济，是由劳动者个人或家庭占有生产资料，从事个体劳动和经营的所有制形式。它是以劳动者自己劳动为基础，劳动成果直接归劳动者所有和支配。

（2）私营经济，是以生产资料私有和雇佣劳动为基础，以取得利润为目的的所有制形式。

（3）外资经济，是我国发展对外经济关系，吸引外资建立起来的所有制形式。

它包括中外合资经营企业、中外合作经营企业中的境外资本部分，以及外商独资企业。

非公有制经济是我国社会主义市场经济的重要组成部分，国家保护个体经济、私营经济等非公有制经济的合法权利和利益，鼓励、支持和引导非公有制经济的发展，并对非公有制经济依法实行监督和管理。

（二）分配制度

我国现行的分配制度是以按劳分配为主体、多种分配方式并存的分配制度。这种分配制度是由我国社会主义初级阶段的生产资料所有制结构、生产力的发展水平，以及人们劳动差别的存在决定的，同时也是发展社会主义市场经济的客观要求。

按劳分配的主体地位表现在：（1）全社会范围的收入分配中，按劳分配占最大比重，起主要作用；（2）公有制经济范围内劳动者总收入中，按劳分配收入是最主要的收入来源。除了按劳分配以外，其他分配方式主要还包括按经营成果分配；按劳动、资本、技术、土地等其他生产要素分配。

第三节　公民的基本权利和义务

一、公民的基本权利

公民的基本权利是由一国的宪法规定的公民享有的，主要的、必不可少的权利，故有些国家又把公民的基本权利称为宪法权。

（一）平等权

宪法第三十三条第二款规定："中华人民共和国公民在法律面前一律平等。"这既是我国社会主义法治的一项重要原则，也是我国公民的一项基本权利。其含义有以下几点：第一，我国公民不分民族、种族、性别、职业、家庭出身、宗教信仰、教育程度、财产状况、居住期限，一律平等地享有宪法和法律规定的权利并平等地承担相应的义务；第二，国家机关对公民平等权利进行保护，对公民履行义务平等进行约束；第三，所有公民在适用法律上一律平等，不允许任何组织和个人有超越宪法和法律之上的特权；第四，法律面前一律平等还包括民族平等和男女平等。

（二）政治权利和自由

1.选举权与被选举权

宪法第三十四条规定："中华人民共和国年满十八周岁的公民，不分民族、种族、性别、职业、家庭出身、宗教信仰、教育程度、财产状况、居住期限，都有选举权和被选举权；但是依照法律被剥夺政治权利的人除外。"选举权与被选举权包含以下内容：公民有权按照自己的意愿选举人民代表；公民有被选举为人民代表的权利；

公民有依照法定程序罢免那些不称职的人民代表的权利。

选举权和被选举权是公民参加国家管理的一项最基本的政治权利，也是最能体现人民群众当家作主的一项权利。

2.言论、出版、集会、结社、游行、示威的自由

宪法第三十五条规定：“中华人民共和国公民有言论、出版、集会、结社、游行、示威的自由。”言论自由就是宪法规定公民通过口头或书面形式表达自己意见的自由。出版自由是公民以出版物形式表达其思想和见解的自由。集会自由是指公民享有宪法赋予的聚集在一定场所商讨问题或表达意愿的自由。结社自由是公民为一定宗旨，依照法定程序组织或参加具有连续性的社会团体的自由。游行自由是指公民采取列队行进的方式来表达意愿的自由。示威自由是指通过集会或游行、静坐等方式表达强烈意愿的自由。

我国宪法一方面保障公民享有集会、游行、示威等自由，另一方面也规定了公民应当遵守有关的法律规定。

（三）宗教信仰自由

宪法第三十六条第一款规定：“中华人民共和国公民有宗教信仰自由。”尊重和保护宗教信仰自由，是我们党和国家长期的基本政策。

（四）人身自由

宪法第三十七条规定：“中华人民共和国公民的人身自由不受侵犯。任何公民，非经人民检察院批准或者决定或者人民法院决定，并由公安机关执行，不受逮捕。禁止非法拘禁和以其他方法非法剥夺或者限制公民的人身自由，禁止非法搜查公民的身体。”

人身自由有广义、狭义之分。狭义的人身自由是指公民的身体自由不受侵犯。广义的人身自由还包括公民的人格尊严不受侵犯、公民的住宅不受侵犯、公民的通信自由和通信秘密受法律保护。

人身自由不受侵犯，是公民最起码、最基本的权利，是公民参加各种社会活动和享受其他权利的先决条件。

（五）监督权

监督权是指宪法赋予公民监督国家机关及其工作人员的活动的权利，包括：

批评权。公民有对国家机关和国家工作人员工作中的缺点和错误提出批评意见的权利。

建议权。公民有对国家机关和国家工作人员的工作提出合理化建议的权利。

控告权。公民对任何国家机关和国家工作人员的违法失职行为有向有关机关进行揭发和指控的权利。

检举权。公民对于违法失职的国家机关和国家工作人员，有向有关机关揭发事

实，请求依法处理的权利。

申诉权。公民的合法权益因行政机关或司法机关作出的错误的、违法的决定或裁判，或者因国家工作人员的违法失职行为而受到侵害时，有向有关机关申诉理由、要求重新处理的权利。

（六）社会经济权利

劳动权。劳动权是指有劳动能力的公民有获得工作并取得相应报酬的权利。

休息权。休息权是为保护劳动者的身体健康和提高劳动效率而休息的权利。

退休人员生活保障权。退休人员生活保障权是指退休人员的生活受到国家和社会保障的权利。

获得物质帮助权。获得物质帮助权是指公民在年老、疾病或者丧失劳动能力的情况下，有从国家和社会获得物质帮助的权利。

（七）文化教育权利

公民有受教育的权利。公民享有从国家接受文化教育的机会和获得受教育的物质帮助的权利。

公民有进行科研、文艺创作和其他文化活动的自由。我国宪法规定，公民有进行科学研究、文学艺术创作和其他文化活动的自由。国家对于从事教育、科学、技术、文学、艺术和其他文化事业的公民的有益于人民的创造性工作，给予鼓励和帮助。

（八）对社会特定人的权利的保护

国家保护妇女的权利和利益。宪法第四十八条规定："中华人民共和国妇女在政治的、经济的、文化的、社会的和家庭的生活等各方面享有同男子平等的权利。国家保护妇女的权利和利益，实行男女同工同酬，培养和选拔妇女干部。"

婚姻、家庭、老人和儿童受国家的保护。宪法第四十九条规定，婚姻、家庭、母亲和儿童受国家的保护；禁止破坏婚姻自由，禁止虐待老人、妇女和儿童。

国家保护华侨、归侨和侨眷的权利和利益。宪法第五十条规定："中华人民共和国保护华侨的正当的权利和利益，保护归侨和侨眷的合法的权利和利益。"

二、公民的基本义务

宪法规定的公民基本义务包括：

第一，维护国家统一和各民族团结的义务。宪法第五十二条规定："中华人民共和国公民有维护国家统一和全国各民族团结的义务。"

第二，遵纪守法和尊重社会公德的义务。宪法第五十三条规定："中华人民共和国公民必须遵守宪法和法律，保守国家秘密，爱护公共财产，遵守劳动纪律，遵守公共秩序，尊重社会公德。"

第三，维护祖国的安全、荣誉和利益的义务。宪法第五十四条规定："中华人民共和国公民有维护祖国的安全、荣誉和利益的义务，不得有危害祖国的安全、荣誉和利益的行为。"

第四，保卫祖国，依法服兵役和参加民兵组织。宪法第五十五条规定："保卫祖国，抵抗侵略是中华人民共和国每一个公民的神圣职责。依照法律服兵役和参加民兵组织是中华人民共和国公民的光荣义务。"

第五，依法纳税的义务。宪法第五十六条规定："中华人民共和国公民有依照法律纳税的义务。"

第六，其他义务。宪法规定的公民基本义务还包括：劳动的义务、受教育的义务、夫妻双方有实行计划生育的义务、父母有抚养教育未成年子女的义务以及成年子女有赡养扶助父母的义务等。

第四节　国家机构的设置及功能

一、国家机构的概述

国家机构是国家为了实现其职能而建立起来的国家机关的总和。我国国家机构由权力机关、行政机关、军事机关、审判机关、检察机关组成。我国国家机构的组织和活动有五大原则：一是民主集中制原则；二是联系群众，为人民服务原则；三是社会主义法治原则；四是责任制原则；五是精简和效率原则。

二、权力机关

（一）全国人大及其常委会

1. 全国人大

全国人大是全国最高的权力机关、立法机关，不只是在权力机关中的地位最高，而且在所有的国家机关中地位最高。全国人大由省、自治区、直辖市、特别行政区和军队选出的代表组成。各少数民族都应当有适当名额的代表。全国人大每届任期五年。

全国人大的主要职权：

立法权。修改宪法，制定和修改刑事、民事、国家机构的和其他的基本法律。

任免权。选举、决定和任免最高国家机关领导人和有关组成人员。

决定权。决定国家重大事务。

监督权。监督宪法和法律的实施，监督最高国家机关的工作。

2. 全国人大常委会

全国人大常委会是全国人大的常设机关，是最高国家权力机关的组成部分，在全国人大闭会期间，行使最高国家权力。全国人大常委会对全国人大负责并报告工作。全国人大选举并有权罢免全国人大常委会的组成人员。全国人大常委会每届任期同全国人大每届任期相同，它行使职权到下届全国人大选出新的常委会为止。

（二）地方各级人大及人大常委会

地方各级人大是地方权力机关。省、直辖市、自治区、县、市、市辖区、乡、民族乡、镇设立人大。县级以上的地方各级人大设立常委会，作为本级人大的常设机关。县级以上地方各级人大及其常委会委员每届任期五年。

（三）民族自治地方各级人大及人大常委会

民族自治地方的权力机关是自治区、自治州、自治县的人民代表大会。

民族自治地方的人民代表大会有权依照当地民族的政治、经济和文化的特点，制定自治条例和单行条例。自治区的自治条例和单行条例，报全国人民代表大会常务委员会批准后生效。自治州、自治县的自治条例和单行条例，报省或者自治区的人民代表大会常务委员会批准后生效，并报全国人民代表大会常务委员会备案。

三、国家主席

国家主席是我国国家机构体系中的一个国家机关，和全国人大常委会结合起来行使国家职权，对外代表中华人民共和国。

国家主席、副主席，由全国人大选举产生，任期是五年，连续任期不得超过两届。

国家主席根据全国人民代表大会的决定和全国人民代表大会常务委员会的决定，公布法律，任免国务院总理、副总理、国务委员、各部部长、各委员会主任、审计长、秘书长，授予国家的勋章和荣誉称号，发布特赦令，宣布进入紧急状态，宣布战争状态，发布动员令。

国家主席代表中华人民共和国进行国事活动，接受外国使节；根据全国人民代表大会常务委员会的决定，派遣和召回驻外全权代表，批准和废除同外国缔结的条约和重要协定。

四、行政机关

（一）国务院

国务院即中央人民政府，是国家最高行政机关，是国家最高权力机关的执行机关，统一领导全国各级行政机关的工作。

国务院由总理、副总理、国务委员、各部部长、各委员会主任、审计长、秘书长组成，国务院组成人员的任期为五年，总理、副总理、国务委员的连续任期不得超过两届。

国务院向全国人大及其常委会负责并报告工作，总理领导国务院的工作，副总理、国务委员协助总理工作。

国务院行使以下职权：第一，根据宪法和法律，规定行政措施，制定行政法规，发布决定和命令；第二，向全国人民代表大会或者全国人民代表大会常务委员会提出议案；第三，规定各部和各委员会的任务和职责，统一领导各部和各委员会的工作，并且领导不属于各部和各委员会的全国性的行政工作；第四，统一领导全国地方各级国家行政机关的工作，规定中央和省、自治区、直辖市的国家行政机关的职权的具体划分；第五，编制和执行国民经济和社会发展计划和国家预算；第六，领导和管理经济工作和城乡建设；第七，领导和管理教育、科学、文化、卫生、体育和计划生育工作；第八，领导和管理民政、公安、司法行政和监察等工作；第九，管理对外事务，同外国缔结条约和协定；第十，领导和管理国防建设事业；第十一，领导和管理民族事务，保障少数民族的平等权利和民族自治地方的自治权利；第十二，保护华侨的正当的权利和利益，保护归侨和侨眷的合法的权利和利益；第十三，改变或者撤销各部、各委员会发布的不适当的命令、指示和规章；第十四，改变或者撤销地方各级国家行政机关的不适当的决定和命令；第十五，批准省、自治区、直辖市的区域划分，批准自治州、县、自治县、市的建置和区域划分；第十六，依照法律规定决定省、自治区、直辖市的范围内部分地区进入紧急状态；第十七，审定行政机构的编制，依照法律规定任免、培训、考核和奖惩行政人员；第十八，全国人民代表大会和全国人民代表大会常务委员会授予的其他职权。

（二）地方各级人民政府

地方各级人民政府是地方国家行政机关，也是地方各级人大的执行机关。地方各级人民政府对本级人大和上一级国家行政机关负责并报告工作。县级以上的地方各级人民政府在本级人大闭会期间，对本级人大常委会负责并报告工作。地方各级人民政府都受国务院统一领导，负责组织和管理本行政区域的各项行政事务。

（三）民族自治地方各级人民政府

民族自治地方的行政机关是自治区、自治州、自治县的人民政府。民族自治地方各级人民政府行使宪法规定的地方各级人民政府的职权，同时依照宪法、民族区域自治法和其他法律规定的权限行使自治权，根据本地方实际情况贯彻执行国家的法律、政策。

五、军事机关

中央军委是中国共产党领导下的最高军事领导机关，统率全国武装力量（解放军、武装警察部队、民兵、预备役）。

中央军委由主席、副主席、委员组成，实行主席负责制。主席由全国人大选举产生，副主席和委员根据主席的提名由大会决定，大会闭会期间由人大常委会决定。中央军委的委员每届任期五年，主席和副主席可以终身任职。

中央军委实行主席负责制，军委主席直接对全国人大及其常委会负责。

六、审判机关

人民法院是国家的审判机关，依法独立行使审判权，不受行政机关、团体和个人的非法干预。人民法院体系由最高人民法院、地方人民法院（高级人民法院、中级人民法院、基层人民法院）、专门人民法院（军事法院、海事法院、铁路运输法院）构成。

最高人民法院是国家最高的审判机关，地方人民法院是地方的审判机关，专门人民法院是专门审判机关。最高人民法院监督地方各级人民法院和专门人民法院的审判工作，上级人民法院监督下级人民法院的审判工作。

最高人民法院对全国人人和全国人人常委会负责。地方各级人民法院对产生它的国家权力机关负责。

最高人民法院由院长、副院长、庭长、副庭长、审判员等若干人组成。最高人民法院的院长由全国人大选举产生，任期五年，连任不得超过两届。

七、检察机关

人民检察院是国家的法律监督机关，依法独立行使检察权，不受行政机关、社会团体和个人的干涉。

人民检察院体系由最高人民检察院、地方人民检察院和专门人民检察院构成。

最高人民检察院是最高法律监督机关，领导地方各级人民检察院和专门人民检察院的工作，上级人民检察院领导下级人民检察院的工作。

最高人民检察院对全国人大及其常委会负责。地方各级人民检察院对产生它的国家权力机关和上级人民检察院负责。

全国人大选举产生最高人民检察院检察长；根据最高人民检察院检察长的提请，全国人大常委会任免最高人民检察院副检察长、检察员、检察委员会委员和军事检察院检察长，并且批准省、自治区、直辖市的人民检察院检察长的任免。

第五节　国家宪法日和宪法宣誓制度

一、国家宪法日

（一）国家宪法日的设立

党的十八届四中全会通过的《中共中央关于全面推进依法治国若干重大问题的决定》提出，将每年12月4日定为国家宪法日。2014年11月1日，十二届全国人大常委会十一次会议通过的《全国人民代表大会常务委员会关于设立国家宪法日的决定》，正式将12月4日设立为国家宪法日；决定在宪法日，国家通过多种形式开展宪法宣传教育活动。

（二）国家宪法日的设立目的及意义

宪法是国家的根本法，是治国安邦的总章程，具有最高的法律地位、法律权威和法律效力。全面贯彻实施宪法，是全面推进依法治国、建设社会主义法治国家的首要任务和基础性工作。全国各族人民、一切国家机关和武装力量、各政党和各社会团体、各企业事业组织，都必须以宪法为根本的活动准则，并且负有维护宪法尊严、保证宪法实施的职责。任何组织或者个人都不得有超越宪法和法律的特权，一切违反宪法和法律的行为都必须予以追究。国家宪法日设立的目的，是为了增强全社会的宪法意识，弘扬宪法精神，加强宪法实施，全面推进依法治国。设立国家宪法日，有助于树立宪法权威，维护宪法尊严；有助于普及宪法知识，增强全社会宪法意识，弘扬宪法精神；有助于扩大宪法实施的群众基础，加强宪法实施的良好氛围，弘扬中华民族的宪法文化。

二、宪法宣誓制度

（一）宪法宣誓制度的确立及意义

2015年7月1日，十二届全国人大常委会十五次会议通过了《全国人民代表大会常务委员会关于实行宪法宣誓制度的决定》，以国家立法形式确立了我国的宪法宣誓制度，该决定自2016年1月1日起施行。决定指出：宪法是国家的根本法，是治国安邦的总章程，具有最高的法律地位、法律权威和法律效力。国家工作人员必须树立宪法意识，恪守宪法原则，弘扬宪法精神，履行宪法使命。宪法宣誓制度的确立及实行，具有非常重要的意义。

实行宪法宣誓制度有利于树立宪法权威；有利于增强国家工作人员的宪法观念，激励和教育国家工作人员忠于宪法、遵守宪法、维护宪法。宪法宣誓仪式是庄严神圣的，宣誓人员通过感受宪法的神圣，铭记自己的权力来源于人民、来源于宪法，在履行职务时就可以严格按照宪法的授权行使职权，发现违反宪法的行为就能够坚决地捍卫宪法、维护宪法。实行宪法宣誓制度也有利于在全社会增强宪法意识。通过宪法宣誓活动，可以强化全体公民对宪法最高法律效力、最高法律权威、最高法律地位的认识，可以提高全体社会成员自觉遵守宪法，按照宪法规定行使权利和履行义务的能力。

（二）宪法宣誓制度的适用主体

根据《全国人民代表大会常务委员会关于实行宪法宣誓制度的决定》的规定，宪法宣誓制度的适用主体主要有：各级人大及县级以上各级人大常委会选举或者决定任命的国家工作人员，以及各级人民政府、人民法院、人民检察院任命的国家工作人员。

全国人大选举或者决定任命的国家主席、副主席，全国人大常委会委员长、副委员长、秘书长、委员，国务院总理、副总理、国务委员、各部部长、各委员会主任、中国人民银行行长、审计长、秘书长，中央军委主席、副主席、委员，最高人民法院院长，最高人民检察院检察长，以及全国人大专门委员会主任委员、副主任委员、委员等，在依照法定程序产生后，进行宪法宣誓。在全国人大闭会期间，全国人大常委会任命或者决定任命的全国人大专门委员会个别副主任委员、委员，国务院部长、委员会主任、中国人民银行行长、审计长、秘书长，中央军委副主席、委员，在依照法定程序产生后，进行宪法宣誓。全国人大常委会任命的全国人大常委会副秘书长，全国人大常委会工作委员会主任、副主任、委员，全国人大常委会代表资格审查委员会主任委员、副主任委员、委员等，在依照法定程序产生后，进行宪法宣誓。以上宣誓仪式由全国人大常委会委员长会议组织。

全国人大常委会任命或者决定任命的最高人民法院副院长、审判委员会委员、庭长、副庭长、审判员和军事法院院长，最高人民检察院副检察长、检察委员会委员、检察员和军事检察院检察长，国家驻外全权代表，在依照法定程序产生后，进行宪法宣誓。宣誓仪式由最高人民法院、最高人民检察院、外交部分别组织。

国务院及其各部门、最高人民法院、最高人民检察院任命的国家工作人员，在就职时进行宪法宣誓。宣誓仪式由任命机关组织。

地方各级人大及县级以上地方各级人大常委会选举或者决定任命的国家工作人员，以及地方各级人民政府、人民法院、人民检察院任命的国家工作人员，在依照法定程序产生后，进行宪法宣誓。宣誓的具体组织办法由省、自治区、直辖市人民代表大会常务委员会参照《全国人民代表大会常务委员会关于实行宪法宣誓制度的决定》制定，报全国人民代表大会常务委员会备案。

（三）宪法宣誓誓词内容

根据《全国人民代表大会常务委员会关于实行宪法宣誓制度的决定》的规定，宪法宣誓誓词为："我宣誓：忠于中华人民共和国宪法，维护宪法权威，履行法定职责，忠于祖国、忠于人民，恪尽职守、廉洁奉公，接受人民监督，为建设富强、民主、文明、和谐的社会主义国家努力奋斗！"

（四）宪法宣誓形式

根据决定的规定，宪法宣誓仪式根据情况，可以采取单独宣誓或者集体宣誓的形式。单独宣誓时，宣誓人应当左手抚按《中华人民共和国宪法》，右手举拳，诵读誓词。集体宣誓时，由一人领誓，领誓人左手抚按《中华人民共和国宪法》，右手举拳，领诵誓词；其他宣誓人整齐排列，右手举拳，跟诵誓词。宣誓场所应当庄重、严肃，悬挂中华人民共和国国旗或者国徽。负责组织宣誓仪式的机关，可以根据决定并结合实际情况，对宣誓的具体事项作出规定。

第三章

我国行政法律制度

依法行政是依法治国基本方略的重要组成部分，对建设法治中国具有重大意义。依法行政，是政府行政权运行的基本原则，它要求行政机关行使行政权力必须要有法律授权，强调有权有责，用权受监督，损害须赔偿，违法须纠正。

行政法是关于行政权授予、行政权的行使，以及对行政权的授予、行使进行监督的法律规范的总和。主要包括三方面的内容。一是行政组织法，即关于行政权的授予和组织行政机关的法律。由行政组织法、行政编制法和公务员法等法律组成。二是行政行为法，即关于行政权行使的法律，由行政许可、行政处罚、行政收费、行政强制、行政征收、行政裁决等法律组成。这部分的行政法律制度具有普遍适用性，与各级政府及各个部门都有关。此外，还有按行政管理事项划分的涉及行政权行使的法律，称为部门行政法，如公安、环保、税务等。三是行政监督法，即对行政机关的组织、行政权的行使进行监督的法律。由行政监察法、审计法、行政复议法、行政诉讼法、行政赔偿法等组成。

第一节　我国依法行政的发展历程

1978年党的十一届三中全会的召开，为我国的民主法制建设指明了前进的方向，奠定了坚实的思想基础，为发扬社会主义民主、健全社会主义法制提供了强有力的政治保障。1979年，包括国家机构、刑事、民事在内的一批规范国家政治、经济、文化和社会生活的法律相继出台，为在国家和社会事务管理方面实现有法可依、有法必依、执法必严、违法必究打下了基础。

1982年，现行宪法颁布，对国家机构及其相互关系和职责权限、公民的权利义务等，作出了许多新的重要规定。该部宪法第五条明确规定："国家维护社会主义法制的统一和尊严。一切法律、行政法规和地方性法规都不得同宪法相抵触。一切国家机关和武装力量、各政党和各社会团体、各企业事业组织都必须遵守宪法和法律。一切违反宪法和法律的行为，必须予以追究。任何组织或者个人都不得有超越宪法和法律的特权。"这是依法行政的重要宪法依据。在此期间，国务院组织法和地方组织法的出台，也从制度建设上进一步推动了依法行政的进程。

1984年全国人大六届三次会议上，彭真同志明确提出，国家管理要从依靠政策办事逐步过渡到不仅仅依靠政策还要建立、健全法制，依法办事。随着经济体制改革的不断深入，民主法制观念的逐步加强，1989年4月行政诉讼法颁布。这是我国行政立法指导思想和价值取向的一次重大转变，标志着我国从注重行政权力的确立与维护，开始转向对行政权力的监督与制约，对公民权利的具体确认与保护。这是通过实践"民"告"官"的诉讼程序来促进行政机关依法行政的一项重大举措。

1992年党的十四大正式确立了社会主义市场经济体制，加快依法行政步伐，已成为时代和社会发展的客观要求。1993年八届全国人大一次会议通过的《政府工作报告》明确提出："各级政府都要依法行政，严格依法办事。一切公务人员都要带头学法、懂法，做执法守法的模范。"这是我国第一次以政府文件的形式正式明确提出依法行政的原则。1997年9月，党的十五大正式确立了依法治国、建设社会主义法治国家的基本方略，依法行政的进程从此开始全面提速。

2002年11月，召开的党的十六大，把发展社会主义民主政治，建设社会主义政治文明，作为全面建设小康社会的重要目标之一，明确提出加强对执法活动的监督，推进依法行政。2007年10月，召开的党的十七大，从全面落实依法治国基本方略，加快建设社会主义法治国家的高度，就推行依法行政、加快行政管理体制改革，建设服务型政府，完善制约机制，健全组织法制和程序规则，保证国家机关按照法定权限和程序行使权力、履行职责等提出具体要求。

在此期间，国家公务员暂行条例（1993）、国家赔偿法（1994）、行政处罚法（1996）、行政监察法（1997）、行政复议法（1999）、立法法（2000）、政府采购法（2002）、行政许可法（2003）、公务员法（2005）、行政强制法（2011）等陆续出台，依法行政的体制机制不断健全、依法行政的法律制度日渐完备。

与此同时，1999年11月国务院发布了《关于全面推进依法行政的决定》，对依法行政提出了具体要求。2004年3月国务院颁发了《全面推进依法行政实施纲要》，对全国依法行政的现状进行了深刻总结，对进一步深入推进依法行政提出了全面要求，并第一次明确提出经过十年左右坚持不懈的努力，基本实现建设法治政府的工作目标。

鉴于依法行政的重点难点在市县两级，2008年5月国务院还进一步作出了《关于加强市县政府依法行政的决定》，就扎实推进市县政府依法行政提出工作要求。2012年11月，党的十八大明确要求，推进依法行政，切实做到严格规范公正文明执法。2013年11月，党的十八届三中全会进一步明确提出，建设法治中国，必须坚持依法治国、依法执政、依法行政共同推进，坚持法治国家、法治政府、法治社会一体建设。依法行政被纳入法治中国建设进程中统一部署、整体推进。2014年11月，党的十八届四中全会就深入推进依法行政，加快建设法治政府作出总体部署，要求各级政府必须坚持在党的领导下、在法治轨道上开展工作，加快建设职能科学、权责法定、执法严明、公开公正、廉洁高效、守法诚信的法治政府。

第二节　行政组织法

行政组织法是规范行政机关的职能、组织、编制的法律制度。我国宪法明确规定，中华人民共和国的一切权力属于人民。人民行使国家权力的机关是全国人大和地方各级人大。国家的行政机关是权力机关的执行机关。因此从根本上讲，行政机关行使的行政权力是权力机关通过法律授予的。正因为如此，行政机关必须遵循职权法定原则，不能法外行权。行政组织法就是规范有关行政组织的性质、地位、职权、职能等方面的法律总称。

行政组织是行政权力的载体，行政组织法通过对行政机关的机构设置、编制与职数、活动方式，以及行政机关的设立、变更和撤销程序等的规定，进而对行政权力行使进行制约，以避免主观随意性。在这方面，我国的国务院组织法和地方组织法，对规范国务院和地方政府的机构设置与职权行使，起到了重要作用。

一、国务院组织法

1982年制定的国务院组织法，是根据宪法中有关国务院的规定内容，对国务院的组成、组织原则、职权行使、会议制度、部委设置等均作出了明确规定。

根据国务院组织法的规定，国务院由总理、副总理、国务委员、各部部长、各委员会主任、审计长、秘书长组成；国务院实行总理负责制，总理领导国务院的工作，副总理、国务委员协助总理工作；国务院行使宪法第八十九条规定的职权；国务院会议分为国务院全体会议和国务院常务会议。国务院全体会议由国务院全体成员组成。国务院常务会议由总理、副总理、国务委员、秘书长组成。国务院工作中的重大问题，必须经国务院常务会议或者国务院全体会议讨论决定；国务院秘书长在总理领导下，负责处理国务院的日常工作；国务院各部、各委员会的设立、撤销或者合并，经总理提出，由全国人大决定；在全国人大闭会期间，由全国人大常委会决定；国务院各部、各委员会实行部长、主任负责制。各部部长、各委员会主任领导本部门的工作，召集和主持部务会议或者委员会会议、委务会议，签署上报国务院的重要请示、报告和下达的命令、指示。各部、各委员会工作中的方针、政策、计划和重大行政措施，应向国务院请示报告，由国务院决定。根据法律和国务院的决定，主管部、委员会可以在本部门的权限内发布命令、指示和规章。

二、地方组织法

《地方各级人民代表大会和地方各级人民政府组织法》于1979年通过，并于2015年作了最新修正。它具体规定了地方各级人民政府的性质、组成、任期、职权、组织原则、会议制度、机构设置等，为规范和制约地方各级政府的行政权力的行使提供了基本的法律依据。

根据地方组织法的规定，地方各级人民政府是地方各级人大的执行机关，是地方各级国家行政机关，对本级人大和上一级国家行政机关负责并报告工作。地方各级人民政府都是国务院统一领导下的国家行政机关，都服从国务院。省、自治区、直辖市、自治州、设区的市的人民政府分别由省长、副省长，自治区主席、副主席，市长、副市长，州长、副州长和秘书长、厅长、局长、委员会主任等组成。县、自治县、不设区的市、市辖区的人民政府分别由县长、副县长，市长、副市长，区长、副区长和局长、科长等组成。乡、民族乡的人民政府设乡长、副乡长。民族乡的乡长由建立民族乡的少数民族公民担任。镇人民政府设镇长、副镇长。地方各级人民政府每届任期五年。

此外，这部法律还具体规定了地方各级人民政府的职权、组织原则、会议制度、内设机构、管理体制等。

尽管我国法律对行政部门的设置、行政权力的行使有着相应的法律规范和制约，但多年来的实践同时也证明，行政机关职权不清、相互交叉冲突，政府职能转变不能适应市场经济的需要，机构臃肿，人浮于事等问题始终存在并难以解决。由于已有的行政组织法还不能完全起到应有的规范和制约作用，以致有时还不得不辅之以相应的机构改革。正因为如此，1997年党的十五大就曾明确提出，深化行政体制改革，实现国家机构组织、职能、编制、工作程序的法定化。2013年党的十八届三中全会进一步明确提出，转变政府职能必须深化机构改革。优化政府机构设置、职能配置、工作流程，完善决策权、执行权、监督权既相互制约又相互协调的行政运行机制。为此，切实按照党中央的要求，进一步完善行政组织法成为当前完善行政法律制度面临的一项重要任务。

三、公务员法

这部法律制定于2005年，具体规定了公务员的入职条件、权利义务、职务级别、录用考核、职务任免、职务升降、奖励惩戒与培训、交流与回避、工资福利保险、辞职辞退与退休、申诉控告、职位聘任及法律责任。这部法律的制定和实施，为规范公职人员的组织管理和职务履行提供了基本的法律遵循。

根据该法的规定，公务员职务分为领导职务和非领导职务。领导职务层次分为：国家级正职、国家级副职、省部级正职、省部级副职、厅局级正职、厅局级副职、县处级正职、县处级副职、乡科级正职、乡科级副职。非领导职务层次在厅局级以下设置。综合管理类的非领导职务分为：巡视员、副巡视员、调研员、副调研员、主任科员、副主任科员、科员、办事员。各机关依照确定的职能、规格、编制限额、职数以及结构比例，设置本机关公务员的具体职位，并确定各职位的工作职责和任职资格条件以及考核、奖惩、专门纪律要求、回避、辞职、辞退、退休、申诉控告等内容。

第三节　行政行为法

行政行为一般是指行政机关依法行使权力，管理公共事务，直接或间接产生法律后果的行为。各行政机关共同性的行政行为，可分为行政立法行为和行政执法行为。其中，行政立法行为主要是指国务院制定行政法规、国务院各部委制定部委规章，各省、自治区、直辖市政府、省会市和经国务院批准的较大市政府和设区的市制定地方规章的行为。行政执法行为，又称具体行政行为，是指行政机关行使行政权力，对特定的公民、法人和其他组织作出的有关其权利义务的单方行为。具体行政行为的表现形式包括：行政命令、行政征收、行政许可、行政确认、行政监督检查、行政处罚、行政强制、行政给付、行政奖励、行政裁决、行政赔偿等。随着推进依法治国、建设法治政府的需要，我国陆续出台了一系列行政行为法，适用频率高的有行政许可法、行政处罚法和行政强制法。

一、行政许可法

行政许可是指行政机关根据公民、法人或者其他组织的申请，经依法审查，准予其从事特定活动的行为。2003年颁布实施的行政许可法，对行政许可的实施机关、行政许可的实施程序、申请与受理、审查与决定、期限、听证、变更与延续，以及行政许可的费用和监督检查等作出了具体规定。实践证明，这部法律的颁布实施，对规范行政许可的设定和实施，保护公民、法人和其他组织的合法权益，维护公共利益和社会秩序，保障和监督行政机关有效实施行政管理，提供了重要的法律保障。这部法律具体规定的内容主要包括：

（一）行政许可的设定范围

设定行政许可的应当属于直接涉及国家安全、公共安全、经济宏观调控、生态环境保护以及直接关系人身健康、生命财产安全等特定活动，需要按照法定条件予以批准的事项；有限自然资源开发利用、公共资源配置以及直接关系公共利益的特定行业的市场准入等，需要赋予特定权利的事项；提供公众服务并且直接关系公共利益的职业、行业，需要确定具备特殊信誉、特殊条件或者特殊技能等资格、资质的事项；直接关系公共安全、人身健康、生命财产安全的重要设备、设施、产品、物品，需要按照技术标准、技术规范，通过检验、检测、检疫等方式进行审定的事项；企业或者其他组织的设立等，需要确定主体资格的事项；法律、行政法规规定可以设定行政许可的其他事项。但上述事项如果属于公民、法人或者其他组织能够自主决定的；市场竞争机制能够有效调节的；行业组织或者中介机构能够自律管理的；行政机关采用事后监督等其他行政管理方式能够解决的，便可以不设行政许可。该法同时还明确规定，法规、规章对实施上位法设定的行政许可作出的具体规定，不得增设行政许可；对行政许可条件作出的具体规定，不得增设违反上位法的其他条件。

（二）行政许可的实施机关

行政许可的实施机关主要包括有权行政机关、具有管理公共事务职能的组织和受委托的其他行政机关。该法明确规定，行政许可由具有行政许可权的行政机关在其法定职权范围内实施。法律、法规授权的具有管理公共事务职能的组织，在法定授权范围内，以自己的名义实施行政许可。被授权的组织适用行政许可法有关行政机关的规定。行政机关在其法定职权范围内，依照法律、法规、规章的规定，可以委托其他行政机关实施行政许可。委托机关应当将受委托行政机关和受委托实施行政许可的内容予以公告。委托行政机关对受委托行政机关实施行政许可的行为应当负责监督，并对该行为的后果承担法律责任。

（三）行政许可的实施程序

公民、法人或者其他组织从事特定活动，依法需要取得行政许可的，应当向行政机关提出申请。申请人申请行政许可，应当如实向行政机关提交有关材料和反映真实情况，并对其申请材料实质内容的真实性负责。申请人提交的申请材料齐全、符合法定形式，行政机关能够当场作出决定的，应当当场作出书面的行政许可决定。根据法定条件和程序，需要对申请材料的实质内容进行核实的，行政机关应当指派两名以上工作人员进行核查。

（四）行政许可的期限

除可以当场作出行政许可决定的以外，行政机关应当自受理行政许可申请之日起二十日内作出行政许可决定。二十日内不能作出决定的，经本行政机关负责人批准，可以延长十日，并应当将延长期限的理由告知申请人。

（五）法律责任

行政机关违法实施行政许可，给当事人的合法权益造成损害的，应当依照国家赔偿法的规定给予赔偿。被许可人存在涂改、倒卖、出租、出借行政许可证件，或者以其他形式非法转让行政许可的；超越行政许可范围进行活动的；向负责监督检查的行政机关隐瞒有关情况、提供虚假材料或者拒绝提供反映其活动情况的真实材料的；法律、法规、规章规定的其他违法行为的，行政机关应当依法给予行政处罚。构成犯罪的，依法追究刑事责任。

二、行政处罚法

行政处罚是行政机关对违反行政管理秩序的公民、法人和其他组织依法予以制裁的法律制度。我国1996年颁布实施的行政处罚法对行政处罚的种类和设定、实施机关、管辖和适用，以及行政处罚的程序、执行及法律责任进行了明确规定，为规范行政处罚的设定和实施，保障和监督行政机关有效实施行政管理，维护公共利益和社会秩序，保护公民、法人或者其他组织合法权益提供了基本的法律依据。这部法律具体规定的内容主要包括：

（一）行政处罚的种类

我国的行政处罚包括：警告；罚款；没收违法所得、没收非法财物；责令停产停业；暂扣或者吊销许可证、暂扣或者吊销执照；行政拘留；法律、行政法规规定的其他行政处罚等。

（二）行政处罚的实施机关

行政处罚由具有行政处罚权的行政机关在法定职权范围内实施。国务院或者经国务院授权的省、自治区、直辖市人民政府可以决定一个行政机关行使有关行政机关的行政处罚权，但限制人身自由的行政处罚权只能由公安机关行使。

（三）行政处罚的管辖

行政处罚由违法行为发生地的县级以上地方人民政府具有行政处罚权的行政机关管辖；对管辖发生争议的，报请共同的上一级行政机关指定管辖；违法行为构成犯罪的，行政机关必须将案件移送司法机关，依法追究刑事责任。

（四）行政处罚的适用

行政机关实施行政处罚时，应当责令当事人改正或者限期改正违法行为。对当事人的同一个违法行为，不得给予两次以上罚款的行政处罚；不满十四周岁的人有违法行为的，不予行政处罚，责令监护人加以管教；已满十四周岁不满十八周岁的人有违法行为的，从轻或者减轻行政处罚；精神病人在不能辨认或者不能控制自己行为时有违法行为的，不予行政处罚，但应当责令其监护人严加看管和治疗。间歇性精神病人在精神正常时有违法行为的，应当给予行政处罚。违法行为在二年内未被发现的，不再给予行政处罚。法律另有规定的除外。

（五）行政处罚程序

行政处罚程序包括简易程序、一般程序。

1. 简易程序

适用于违法事实确凿并有法定依据，对公民处以五十元以下、对法人或者其他组织处以一千元以下罚款或者警告的行政处罚的，可以当场作出行政处罚决定。

2. 一般程序

适用于行政机关发现公民、法人或者其他组织有依法应当给予行政处罚的行为，需要全面、客观、公正调查，收集有关证据或需要依法进行检查的案件。行政机关依法给予行政处罚的，应当制作行政处罚决定书。行政处罚决定书应当载明的事项包括：当事人的姓名或者名称、地址；违反法律、法规或者规章的事实和证据；行政处罚的种类和依据；行政处罚的履行方式和期限；不服行政处罚决定，申请行政复议或者提起行政诉讼的途径和期限；作出行政处罚决定的行政机关名称和作出决定的日期。行政处罚决定书应当在宣告后当场交付当事人；当事人不在场的，行政机关应当在七日内依照民事诉讼法的有关规定，将行政处罚决定书送达当事人。

此外该法还具体规定了行政处罚前的听证程序、行政处罚的执行及法律责任。

三、行政强制法

我国法定的行政强制包括行政强制措施和行政强制执行。行政强制措施，是指行政机关在行政管理过程中，为制止违法行为、防止证据损毁、避免危害发生、控制危险扩大等情形，依法对公民的人身自由实施暂时性限制，或者对公民、法人或者其他组织的财物实施暂时性控制的行为。行政强制执行，是指行政机关或者行政机关申请人民法院，对不履行行政决定的公民、法人或者其他组织，依法强制履行义务的行为。2011年颁布实施的行政强制法，规定了行政强制的种类和设定、行政强制措施实施程序、行政机关强制执行程序、申请人民法院强制执行及法律责任，为规范行政强制的设定和实施，保障和监督行政机关依法履行职责，维护公共利益和社会秩序，保护公民、法人和其他组织的合法权益提供了基本的法律依据。这部法律具体规定的内容主要包括：

（一）行政强制的种类和方式

根据该法规定，行政强制措施由法律设定，种类包括限制公民人身自由；查封场所、设施或者财物；扣押财物；冻结存款、汇款；其他行政强制措施等5类。行政强制执行由法律设定，方式包括加处罚款或者滞纳金；划拨存款、汇款；拍卖或者依法处理查封、扣押的场所、设施或者财物；排除妨碍、恢复原状；代履行；其他强制执行方式等。

（二）行政强制措施实施程序

1. 一般规定

行政机关实施行政强制措施的，实施前须向行政机关负责人报告并经批准；由两名以上行政执法人员实施；出示执法身份证件；通知当事人到场；当场告知当事人采取行政强制措施的理由、依据以及当事人依法享有的权利、救济途径；听取当事人的陈述和申辩；制作现场笔录；现场笔录由当事人和行政执法人员签名或者盖章，当事人拒绝的，在笔录中予以注明；当事人不到场的，邀请见证人到场，由见证人和行政执法人员在现场笔录上签名或者盖章；法律、法规规定的其他程序。情况紧急，需要当场实施行政强制措施的，行政执法人员应当在二十四小时内向行政机关负责人报告，并补办批准手续。

2. 查封、扣押

查封、扣押应当由法律、法规规定的行政机关实施，其他任何行政机关或者组织不得实施。行政机关决定实施查封、扣押的，应当依法制作并当场交付查封、扣押决定书和清单。查封、扣押决定书应当载明当事人的姓名或者名称、地址；查封、扣押的理由、依据和期限；查封、扣押场所、设施或者财物的名称、数量等；申请行政复议或者提起行政诉讼的途径和期限；行政机关的名称、印章和日期。查封、扣押清单一式二份，由当事人和行政机关分别保存。

3. 冻结

冻结存款、汇款应当由法律规定的行政机关实施，不得委托给其他行政机关或者组织；其他任何行政机关或者组织不得冻结存款、汇款。行政机关依照法律规定决定实施冻结存款、汇款的，应当依法履行程序，并向金融机构交付冻结通知书。

此外，该法还具体规定了行政机关强制执行的具体程序及法律责任。

以案释法 06

违法行政决定被撤销

2012年3月，王某收到了国务院行政复议裁决书。裁决书撤销了某省认定他家所在区域征地合法决定的裁决。法学博士王某两年法律维权路，终于看到一线曙光。2010年底，因老家的房屋在未签署拆迁协议的情况下于凌晨被拆。老屋被强拆当日，王某写了一封给家乡市长的公开信。公开信在网上迅速流传，引起了官方重视。当地政府有关领导特地赶赴王某所在的大学和他沟通，承诺"依法依规，妥善处置此事"。公开信事件后，王某家乡的区长答复王某，称"某村村委会答复意见与你本人所提要求差距较大，可能你不能完全接受""我们支持你通过法律渠道依法解决"。2011年7月15日，王某母亲诉某市住房和城乡建设局不履行查处违法拆迁一案在该市某区法院开庭审理。法院认定"非法拆迁"事实不存在，驳回诉讼请求。王某随即上诉，被市中级人民法院驳回。在寻求诉讼解决的同时，王某也向省政府行政复议办公室提起行政复议，要求省政府确认关于该城区城市建设用地的批复违法并予以撤销。2011年3月，省政府行政复议办公室召开听证会，只有王某一方提交相关证据，

"政府说他们所有的行为都合法，没必要提交证据。"4月6日，省政府行政复议办公室下发行政复议决定书，驳回复议请求。随后，王某等人依法向国务院法制办提起行政裁决。

 释解

拆迁户依法维权，先后通过行政手段和法律途径，终于为实践宪法明文规定的"公民的合法的私有财产不受侵犯。国家依照法律规定保护公民的私有财产权和继承权"迈出了关键的一步。

随着依法治国的不断推进、依法行政的不断深入，我国各级行政机关面临的行政诉讼的争议案件在逐步增多，当被告的几率在逐渐增大，这是一种正常的客观现象。当被告不被动，被动的是工作中存在着没有依法行政的瑕疵。情况表明，各级行政管理部门在工作中比较容易引起争议的，主要集中在行政主体不适格、行政行为越权、规范性文件与上位法相抵触、行政决定失当和行政不作为几个方面。因此，在全面推进依法治国的大背景下，在法律制度不断完备、监督渠道极大畅通的情况下，在公民依法维权意识不断增强的态势下，唯有依法决策、依法办事，努力实现与依法行政相适应的行政管理方式的转变，树立职权法定意识、程序法定意识和权责统一意识，切实提高依法行政的自觉性和工作水平，才能从根本上杜绝此类案件的发生。

第四节　行政监督法

行政权力是国家机关中权力最大、涉及人数最多，对国家和社会的发展最为重要、与人民群众关系最为密切的权力，因此行政监督是国家监督体系中的极为重要的组成部分。行政系统内部的监督，主要有行政系统内的专门监督和上级对下级的层级监督。

在我国，行政系统内的专门监督主要为审计监督和行政监察，并且已经制定了审计法和行政监察法。根据审计法的规定，在政府内部监督范围内，审计主要是对本级政府各部门和下级政府预算的执行情况和决算、预算外资金的管理和使用情况；政府部门管理和社会团体受政府委托管理的社会保障基金、社会捐献资金及其他有关基金、资金的财务收支等进行审计监督。审计部门在行使职权时，拥有要求报送权、检查权、调查权、制止并采取措施权、通报权及处理权等多方面的权限。根据行政监察法的规定，行政监察是监察部门对行政机关及其公务员的行政效能和清正廉洁两方面进行的监督。监察部门在行使监督权时拥有检查、调查权、建议处分权等较为广泛的权力。

层级监督方面，我国目前已建立了行政复议制度、行政诉讼制度和国家赔偿制度。并相应地颁布实施了行政复议法、行政诉讼法和国家赔偿法。其中，行政复议制度是指公民、法人或其他组织认为行政机关的行政行为侵犯其合法权益，向上级行政机关申请复议，由复议机关作出复议决定的制度，既属于上级行政机关对下级行政机关的监督，同时也是公民、法人或其他组织不服下级行政机关的具体行政行为要求复议机关作出公正裁判的一种救济行为。由于行政复议实际上是上级对下级的监督，因此行政复议的范围较为宽泛，在行政复议中，公民、法人或其他组织不仅可以对具体行政行为是否合法，要求进行审查，也可以对该具体行政行为是否合理，要求进行审查。而在行政诉讼中，人民法院对具体行政行为则只能进行合法性审查，除行政处罚外，原则上不作合理性、适当性审查。

一、行政复议法

行政复议是指公民、法人或者其他组织，认为行政机关的具体行政行为侵犯了其合法权益，依法向上级行政机关提出复议申请，上级行政机关依法对该具体行政行为进行合法性、适当性审查，并作出复议决定的行政行为。我国1999年颁布实施的行政复议法，对行政复议机关的职责、行政复议范围、行政复议申请、行政复议受理、行政复议决定和法律责任等作出具体规定。这部法律具体规定的内容主要包括：

（一）行政复议机关的职责

行政复议机关负责法制工作的机构具体办理行政复议事项，履行的职责包括受理行政复议申请；向有关组织和人员调查取证，查阅文件和资料；审查申请行政复议的具体行政行为是否合法与适当，拟订行政复议决定；处理或者转送法律规定的审查申请；依照规定的权限和程序对违法的具体行政行为提出处理建议；办理因不服行政复议决定提起行政诉讼的应诉事项；法律、法规规定的其他职责。行政复议机关履行行政复议职责时，应当遵循合法、公正、公开、及时、便民的原则，坚持有错必纠，保障法律、法规的正确实施。

（二）行政复议范围

公民、法人或者其他组织可以依法申请行政复议的情形包括对行政机关作出的警告、罚款、没收违法所得、没收非法财物、责令停产停业、暂扣或者吊销许可证、暂扣或者吊销执照、行政拘留等行政处罚决定不服的；对行政机关作出的限制人身自由或者查封、扣押、冻结财产等行政强制措施决定不服的；对行政机关作出的有关许可证、执照、资质证、资格证等证书变更、中止、撤销的决定不服的；对行政机关作出的关于确认土地、矿藏、水流、森林、山岭、草原、荒地、滩涂、海域等自然资源的所有权或者使用权的决定不服的；认为行政机关侵犯合法的经营自主权的；认为行政机关变更或者废止农业承包合同，侵犯其合法权益的；认为行政机关违法集资、征收财物、摊派费用或者违法要求履行其他义务的；认为符合法定条件，申请行政机关颁发许可证、执照、资质证、资格证等证书，或者申请行政机关审批、登记有关事项，行政机关没有依法办理的；申请行政机关履行保护人身权利、财产权利、受教育权利的法定职责，行政机关没有依法履行的；申请行政机关依法发放抚恤金、社会保险金或者最低生活保障费，行政机关没有依法发放的；认为行政机关的其他具体行政行为侵犯其合法权益的。

（三）行政复议申请

公民、法人或者其他组织认为具体行政行为侵犯其合法权益的，可以自知道该具体行政行为之日起六十日内提出行政复议申请；但是法律规定的申请期限超过六十日的除外。因不可抗力或者其他正当理由耽误法定申请期限的，申请期限自障碍消除之日起继续计算。同申请行政复议的具体行政行为有利害关系的其他公民、法人或者其他组织，可以作为第三人参加行政复议。公民、法人或者其他组织对行政机关的具体行政行为不服申请行政复议的，作出具体行政行为的行政机关是被申请人。申请人申请行政复议，可以书面申请，也可以口头申请；口头申请的，行政复议机关应当当场记录申请人的基本情况、行政复议请求、申请行政复议的主要事实、理由和时间。

（四）行政复议受理

行政复议机关收到行政复议申请后，应当在五日内进行审查，对不符合本法规定的行政复议申请，决定不予受理，并书面告知申请人；对符合行政复议法规定，但是不属于本机关受理的行政复议申请，应当告知申请人向有关行政复议机关提出。对行政复议决定不服再向人民法院提起行政诉讼的，行政复议机关决定不予受理或者受理后超过行政复议期限不作答复的，公民、法人或者其他组织可以自收到不予受理决定书之日起或者行政复议期满之日起十五日内，依法向人民法院提起行政诉讼。

（五）行政复议决定

行政复议原则上采取书面审查的办法，但是申请人提出要求或者行政复议机关负责法制工作的机构认为有必要时，可以向有关组织和人员调查情况，听取申请人、被申请人和第三人的意见。行政复议机关负责法制工作的机构应当对被申请人作出的具体行政行为进行审查，提出意见，经行政复议机关的负责人同意或者集体讨论通过后，按照具体行政行为认定事实清楚，证据确凿，适用依据正确，程序合法，内容适当的，决定维持；被申请人不履行法定职责的，决定其在一定期限内履行。对存在主要事实不清、证据不足的；适用依据错误的；违反法定程序的；超越或者滥用职权的；具体行政行为明显不当等情形之一的，决定撤销、变更或者确认该具体行政行为违法；决定撤销或者确认该具体行政行为违法的，可以责令被申请人在一定期限内重新作出具体行政行为。

（六）法律责任

行政复议机关违反规定，无正当理由不予受理依法提出的行政复议申请或者不按照规定转送行政复议申请的，或者在法定期限内不作出行政复议决定的，对直接负责的主管人员和其他直接责任人员依法给予警告、记过、记大过的行政处分；经责令受理仍不受理或者不按照规定转送行政复议申请，造成严重后果的，依法给予降级、撤职、开除的行政处分。行政复议机关工作人员在行政复议活动中，徇私舞弊或者有其他渎职、失职行为的，依法给予警告、记过、记大过的行政处分；情节严重的，依法给予降级、撤职、开除的行政处分；构成犯罪的，依法追究刑事责任。被申请人违反规定，不提出书面答复或者不提交作出具体行政行为的证据、依据和其他有关材料，或者阻挠、变相阻挠公民、法人或者其他组织依法申请行政复议的，对直接负责的主管人员和其他直接责任人员依法给予警告、记过、记大过的行政处分；进行报复陷害的，依法给予降级、撤职、开除的行政处分；构成犯罪的，依法追究刑事责任。行政复议机关受理行政复议申请，由本级财政予以保障，不得向申请人收取任何费用。

二、行政诉讼法

行政诉讼是指公民、法人或者其他组织认为行政机关和行政机关工作人员的行政行为侵犯其合法权益，依法向人民法院提起的诉讼。为保证人民法院公正、及时审理行政案件，解决行政争议，保护公民、法人和其他组织的合法权益，监督行政机关依法行使行政职权，我国于1989年制定、2014年修订了行政诉讼法，对行政诉讼的受案范围、管辖、诉讼参加人、证据、起诉和受理、审理和判决、审判监督程序、执行及涉外行政诉讼等作了相应规定，具体确立了行政行为合法与违法的标准，对协调行政机关与公民的关系，保护公民合法权益，督促行政机关依法行政，维护社会稳定发挥了重要作用。这部法律具体规定的内容主要包括：

（一）受案范围

行政诉讼受案范围包括，对行政拘留、暂扣或者吊销许可证和执照、责令停产停业、没收违法所得、没收非法财物、罚款、警告等行政处罚不服的；对限制人身自由或者对财产的查封、扣押、冻结等行政强制措施和行政强制执行不服的；申请行政许可，行政机关拒绝或者在法定期限内不予答复，或者对行政机关作出的有关行政许可的其他决定不服的；对行政机关作出的关于确认土地、矿藏、水流、森林、山岭、草原、荒地、滩涂、海域等自然资源的所有权或者使用权的决定不服的；对征收、征用决定及其补偿决定不服的；申请行政机关履行保护人身权、财产权等合法权益的法定职责，行政机关拒绝履行或者不予答复的；认为行政机关侵犯其经营自主权或者农村土地承包经营权、农村土地经营权的；认为行政机关滥用行政权力排除或者限制竞争的；认为行政机关违法集资、摊派费用或者违法要求履行其他义务的；认为行政机关没有依法支付抚恤金、最低生活保障待遇或者社会保险待遇的；认为行政机关不依法履行、未按照约定履行或者违法变更、解除政府特许经营协议、土地房屋征收补偿协议等协议的；认为行政机关侵犯其他人身权、财产权等合法权益的。

（二）管辖

基层人民法院管辖第一审行政案件。中级人民法院管辖的一审行政案件包括：对国务院部门或者县级以上地方人民政府所作的行政行为提起诉讼的案件；海关处理的案件；本辖区内重大、复杂的案件；其他法律规定由中级人民法院管辖的案件。高级人民法院管辖本辖区内重大、复杂的一审行政案件。最高人民法院管辖全国范围内重大、复杂的一审行政案件。经最高人民法院批准，高级人民法院可以根据审判工作的实际情况，确定若干人民法院跨行政区域管辖行政案件。

（三）诉讼参加人

行政行为的相对人以及其他与行政行为有利害关系的公民、法人或者其他组织，有权提起诉讼。公民、法人或者其他组织直接向人民法院提起诉讼的，作出行政行为的行政机关是被告。经复议的案件，复议机关决定维持原行政行为的，作出原行政行为的行政机关和复议机关是共同被告；复议机关改变原行政行为的，复议机关是被告。复议机关在法定期限内未作出复议决定，公民、法人或者其他组织起诉原行政行为的，作出原行政行为的行政机关是被告；起诉复议机关不作为的，复议机关是被告。两个以上行政机关作出同一行政行为的，共同作出行政行为的行政机关是共同被告。行政机关委托的组织所作的行政行为，委托的行政机关是被告。行政机关被撤销或者职权变更的，继续行使其职权的行政机关是被告。

（四）证据

经法庭审查属实，可作为认定案件事实的行政诉讼证据包括：书证；物证；视听资料；电子数据；证人证言；当事人的陈述；鉴定意见；勘验笔录、现场笔录。被告对作出的行政行为负有举证责任，应当提供作出该行政行为的证据和所依据的规范性文件。原告可以提供证明行政行为违法的证据。原告提供的证据不成立的，不免除被告的举证责任。对由国家机关保存而须由人民法院调取的证据；涉及国家秘密、商业秘密和个人隐私的证据；确因客观原因不能自行收集的其他证据，原告或者第三人不能自行收集的，可以申请人民法院调取。

（五）起诉和受理

公民、法人或者其他组织不服复议决定的，可以在收到复议决定书之日起十五日内向人民法院提起诉讼。复议机关逾期不作决定的，申请人可以在复议期满之日起十五日内向人民法院提起诉讼，法律另有规定的除外。公民、法人或者其他组织直接向人民法院提起诉讼的，应当自知道或者应当知道作出行政行为之日起六个月内提出。法律另有规定的除外。因不动产提起诉讼的案件自行政行为作出之日起超过二十年，其他案件自行政行为作出之日起超过五年提起诉讼的，人民法院不予受理。公民、法人或者其他组织申请行政机关履行保护其人身权、财产权等合法权益的法定职责，行政机关在接到申请之日起两个月内不履行的，公民、法人或者其他组织可以向人民法院提起诉讼。对人民法院既不立案，又不作出不予立案裁定的，当事人可以向上一级人民法院起诉。上一级人民法院认为符合起诉条件的，应当立案、审理，也可以指定其他下级人民法院立案、审理。

（六）审理和判决

1. 一审普通程序

人民法院应当在立案之日起五日内，将起诉状副本发送被告。被告应当在收到起诉状副本之日起十五日内向人民法院提交作出行政行为的证据和所依据的规范性文件，并提出答辩状。人民法院应当在立案之日起六个月内作出第一审判决。有特殊情况需要延长的，由高级人民法院批准，高级人民法院审理第一审案件需要延长的，由最高人民法院批准。

2. 简易程序

对被诉行政行为是依法当场作出的；案件涉及款额二千元以下的；属于政府信息公开案件的，或当事人各方同意适用简易程序的，人民法院审理时可以适用简易程序。适用简易程序审理的行政案件，由审判员一人独任审理，并应当在立案之日起四十五日内审结。

3. 二审程序

当事人不服人民法院一审判决的，有权在判决书送达之日起十五日内向上一级人民法院提起上诉。当事人不服人民法院一审裁定的，有权在裁定书送达之日起十日内向上一级人民法院提起上诉。逾期不提起上诉的，人民法院的一审判决或者裁定发生法律效力。人民法院审理上诉案件，应当在收到上诉状之日起三个月内作出终审判决。有特殊情况需要延长的，由高级人民法院批准，高级人民法院审理上诉案件需要延长的，由最高人民法院批准。原审人民法院对发回重审的案件作出判决后，当事人提起上诉的，二审人民法院不得再次发回重审。

（七）审判监督程序

当事人对已经发生法律效力的判决、裁定，认为确有错误的，可以向上一级人民法院申请再审，但判决、裁定不停止执行。对属于不予立案或者驳回起诉确有错误的；有新的证据，足以推翻原判决、裁定的；原判决、裁定认定事实的主要证据不足、未经质证或者系伪造的；原判决、裁定适用法律、法规确有错误的；违反法律规定的诉讼程序，可能影响公正审判的；原判决、裁定遗漏诉讼请求的；据以作出原判决、裁定的法律文书被撤销或者变更的；审判人员在审理该案件时有贪污受贿、徇私舞弊、枉法裁判行为的案件，当事人提出申请的，人民法院应当再审。

（八）执行

当事人必须履行人民法院发生法律效力的判决、裁定、调解书。公民、法人或者其他组织拒绝履行判决、裁定、调解书的，行政机关或者第三人可以向一审人民法院申请强制执行，或者由行政机关依法强制执行。行政机关拒绝履行判决、裁定、调解书的，一审人民法院可以对应当归还的罚款或者应当给付的款额，通知银行从该行政机关的账户内划拨；在规定期限内不履行的，从期满之日起，对该行政机关负责人按日处五十元至一百元的罚款；将行政机关拒绝履行的情况予以公告；向监察机关或者该行政机关的上一级行政机关提出司法建议。对拒不履行判决、裁定、调解书，社会影响恶劣的，可以对该行政机关直接负责的主管人员和其他直接责任人员予以拘留；情节严重，构成犯罪的，依法追究刑事责任。行政机关或者行政机关工作人员作出的行政行为侵犯公民、法人或者其他组织的合法权益造成损害的，由该行政机关或者该行政机关工作人员所在的行政机关负责赔偿。行政机关赔偿损失后，应当责令有故意或者重大过失的行政机关工作人员承担部分或者全部赔偿费用。

三、国家赔偿法

国家赔偿以监督行政机关的行政行为是否合法为主要任务。以违法为赔偿前提的归责原则，事实行为造成损害的赔偿责任等赔偿制度的建立，进一步强化了对行政机关依法行政的监督力度。我国于1994年制定，2010年、2012年修订的国家赔偿法，明确了行政赔偿的范围、赔偿请求人和赔偿义务机关、赔偿的程序及赔偿方式和计算标准，为保障公民、法人和其他组织享有依法取得国家赔偿的权利，促进国家机关依法行使职权，提供了基本的法律依据。这部法律就行政赔偿所具体规定的内容主要包括：

（一）行政赔偿的范围

行政机关及其工作人员在行使行政职权时，如存在违法拘留或者违法采取限制公民人身自由的行政强制措施的；非法拘禁或者以其他方法非法剥夺公民人身自由的；以殴打、虐待等行为或者唆使、放纵他人以殴打、虐待等行为造成公民身体伤害或者死亡的；违法使用武器、警械造成公民身体伤害或者死亡的；造成公民身体伤害或者死亡的其他违法行为的，受害人有取得赔偿的权利。行政机关及其工作人员在行使行政职权时，如存在违法实施罚款、吊销许可证和执照、责令停产停业、没收财物等行政处罚的；违法对财产采取查封、扣押、冻结等行政强制措施的；违法征收、征用财产的；造成财产损害的其他违法行为的，受害人有取得赔偿的权利。如属于行政机关工作人员与行使职权无关的个人行为；因公民、法人和其他组织自己的行为致使损害发生的；法律规定的其他情形的，国家不承担赔偿责任。

（二）赔偿请求人和赔偿义务机关

受害的公民、法人和其他组织有权要求赔偿；受害的公民死亡，其继承人和其他有扶养关系的亲属有权要求赔偿；受害的法人或者其他组织终止的，其权利承受人有权要求赔偿。行政机关及其工作人员行使行政职权侵犯公民、法人和其他组织的合法权益造成损害的，该行政机关为赔偿义务机关；两个以上行政机关共同行使行政职权时侵犯公民、法人和其他组织的合法权益造成损害的，共同行使行政职权的行政机关为共同赔偿义务机关；法律、法规授权的组织在行使授予的行政权力时侵犯公民、法人和其他组织的合法权益造成损害的，被授权的组织为赔偿义务机关；受行政机关委托的组织或者个人在行使受委托的行政权力时侵犯公民、法人和其他组织的合法权益造成损害的，委托的行政机关为赔偿义务机关。赔偿义务机关被撤销的，继续行使其职权的行政机关为赔偿义务机关。没有继续行使其职权的行政机关，撤销该赔偿义务机关的行政机关为赔偿义务机关。

（三）赔偿程序

赔偿请求人要求赔偿，应当先向赔偿义务机关提出，也可以在申请行政复议或者提起行政诉讼时一并提出；赔偿请求人可以向共同赔偿义务机关中的任何一个赔偿义务机关要求赔偿，该赔偿义务机关应当先予赔偿；赔偿请求人根据受到的不同损害，可以同时提出数项赔偿要求。赔偿义务机关应当自收到申请之日起两个月内，作出是否赔偿的决定。赔偿义务机关决定赔偿的，应当制作赔偿决定书，并自作出决定之日起十日内送达赔偿请求人。赔偿义务机关决定不予赔偿的，应当自作出决定之日起十日内书面通知赔偿请求人，并说明不予赔偿的理由。对赔偿作出赔偿或者不予赔偿决定有异议的，赔偿请求人可在三个月内向人民法院提起诉讼。

（四）赔偿方式和计算标准

国家赔偿以支付赔偿金为主要方式。能够返还财产或者恢复原状的，予以返还财产或者恢复原状。侵犯公民人身自由的，每日赔偿金按照国家上年度职工日平均工资计算。

以案释法 07

行政不作为被判败诉

2014年10月16日，李某向河南省某市国土资源局（以下简称市国土局）书面提出申请，请求该局依法查处其所在村的耕地被有关工程项目违法强行占用的行为，并向该局寄送了申请书。市国土局收到申请后，没有受理、立案、处理，也未告知李某，李某遂以市国土局不履行法定职责为由诉至法院，请求确认被告不履行法定职责的行政行为违法，并要求被告对该村土地被强占的违法行为进行查处。

该市某区人民法院一审认为，土地管理部门对上级交办、其他部门移送和群众举报的土地违法案件，应当受理。土地管理部门受理土地违法案件后，应当进行审查，凡符合立案条件的，应当及时立案查处；不符合立案条件的，应当告知交办、移送案件的单位或者举报人。本案原告向被告市国土局提出查处违法占地申请后，被告应当受理，被告既没有受理，也没有告知原告是否立案，故原告要求确认被告不履行法定职责违法，并限期履行法定职责的请求，有事实根据和法律依据，本院予以支持。遂判决：一、确认被告对原告要求查处违法占地申请未予受理的行为违法。二、限被告于本判决生效之日起按国土资源行政处罚办法的规定履行法定职责。

市国土局不服，提出上诉。该市中级人民法院二审认为，根据国土资源行政处罚办法规定，县级以上国土资源主管部门"应当依法立案查处，无正当理由未依法立案查处的"，应当承担相应责任。上诉人市国土局未及时将审查结果告知申请人，上诉人的行为未完全履行工作职责，违反了国土资源行政处罚办法第四十五条的相关规定。二审判决驳回上诉，维持原判。

 释解

及时处理群众举报、切实履行查处违法占地相关法定职责，回应群众关切、保障土地资源的合法利用是有关土地管理部门的应尽职责。土地资源稀缺、人多地少的现状决定了我国必须实行最严格的土地管理制度，但长期以来土地资源浪费严重，违法违规用地现象普遍，这其中既有土地管理保护不力的原因，也有人民群众难以有效参与保护的因素。公众参与是及时发现和纠正土地违法行为的重要渠道，也是确保落实最严格的土地管理制度的有效手段。依法受理并及时查处人民群众对违法用地行为的举报，是土地管理部门的权力更是义务。对于在处理土地违法案件中，发现违法案件不属于本部门管辖的，也应及时做好相应的案件移送工作。国土资源行政处罚办法第十条明确规定，国土资源主管部门发现违法案件不属于本部门管辖的，应当移送有管辖权的国土资源主管部门或者其他部门。

第四章
我国的能源管理法律制度

能源法是调整能源开发、利用、管理活动中的社会关系的法律规范总和。它从能源开发利用及其规制的法制化、高效化、合理化为出发点，以保证能源安全、高效和可持续供给为最终目标。我国能源立法并不完善，尽管我国已经在能源领域制定了矿产资源法、煤炭法、电力法、节约能源法、可再生能源法等多部法律，但是这些专门的法律仅在能源行业的具体领域发挥着重要作用，并不能满足我国应付复杂能源形势的需要。能源法的制定不仅关系着国家的能源安全和经济安全，同样也关乎寻常百姓的日常生活。本章从我国能源管理法律制度的历史演变、现状、发展与完善过程进行解读。

第一节 我国能源管理法律制度的历史沿革

我国迄今已经先后制定了多项能源法律、能源行政法规和一大批能源行政规章、能源地方性法规以及能源规范性文件，还有若干项能源标准，并参与了数十项与能源有关的国际条约。我国的能源管理制度正逐步走向健全，但是能源管理法律制度的建设却经历了曲折的发展过程。

一、能源法律与政策较为匮乏的阶段（1949—1978年）

新中国成立后的相当长一段时间内，整个国家的法制体制尚未建立、健全，能源立法更无从谈起。1959年以前国家能源供应形式是以煤炭为主。大庆油田的发现，结束了中国"贫油"的历史。此后，相继发现和开发建设了胜利、大港、江汉、吉林、长庆、辽河、华北、中原等一批油田，我国原油产量迅速增长，石油工业进入快速发展时期，但这个时期的能源政策没有一个完整的体系，只单纯的反映为"计划"，国家对于国营经济是直接计划、指令性计划，对于个体经济和资本经济则是间接计划，即通过国家的价格政策和各种具体政策，对其进行调节。具体到能源领域，"一五"计划确定了要集中力量优先发展以能源、原材料、机械工业等基础工业为主的重工业。在随后的"二五""三五""四五"一直到横跨1978年的"五五"计划，我国的能源法律和政策基本上没有太大进展，是一种虚无状态，更谈不上各种能源法律、政策的相互衔接。

二、政策指导阶段（1978—1992年）

自20世纪70年代以来，我国石油工业发展迅速，到1978年以后，原油产量一度下滑。针对这种情况，有关专家对我国的能源资源、供应和消费作了实事求是的分析，尖锐地提出我国存在能源危机的观点。1979年年底，国家科委组织召开了全国第一次能源座谈会。1980年，邓小平同志提出"能源是经济的首要问题"。1982年党的十二大把能源确定为社会主义经济建设的战略重点，能源被放在最优先发展的地位。虽然国家已经意识到了能源的重要性，对能源法律与能源政策也有了一定认识，但没有形成完整的能源法律体系。

三、立法突破阶段（1992—2000年）

为适应经济发展的需要，1995年电力法、1996年煤炭法和1997年节约能源法分别由全国人大常委会通过。从此，我国的能源法治建设进入了一个新的发展时期。能源行政法规、能源行政规章、地方性能源法规和地方性能源规章也如雨后春笋般应运而生。这一时期的矿产资源法、水法、刑法、环境保护法等法律法规中也规定了关于能源的条款，如刑法规定："破坏电力、燃气或者其他易燃易爆设备，危害公共安全，尚未造成严重后果的，处三年以上十年以下有期徒刑。"1999年6月16日，原国家经济贸易委员会发布的《电力行业标准化管理办法》规定，强制性电力行业标准的代号为DL，推荐性电力行业标准的代号为DL/T。这些标准虽然没有上升为法律，但对能源活动有着一定的指导意义。

这一时期，能源政策发展的步伐逐渐落后于法律。我国不缺乏各式各样的能源政策，但是由于能源政策缺乏一个完整的体系，以及能源政策缺乏制定、实施和评估的程序性规定，导致了中国的各项能源政策不能形成合力。此外，我国能源立法虽有进步，但由于缺乏一个统一的能源主管部门，加上能源体制长期积累下来的弊病，部门之间互相掣肘，行业之间缺乏协调，立法者以及执法者都没有对这些问题进行深入研究，法律通过后，如何能够实施，从而实现立法的目的，即实施过程中的可操作性和原则性都亟待提高。

四、快速发展阶段（2000年以后）

这一时期中国的经济发生了翻天覆地的变化，但是经过连续高速的经济增长，一些潜在的制约因素也逐渐暴露出来，能源问题首当其冲。为适应经济快速发展的需要，2003年在国家发改委内成立能源局；2005年成立国家能源领导小组；2006年通过的"十一五"规划，明确了新时期的能源产业政策，即能源产业，要强化节约和高效利用的政策导向，坚持节约优先，立足国内，煤为基础，多元发展，构筑稳定、经济、清洁的能源供应体系；2007年12月，我国发布《中国的能源状况与政策》白皮书，这标志着我国首次以正式文件形式发布了中国的基本能源政策；2008年3月，成立国家能源局。

这一时期颁布了可再生能源法，启动了能源法的制定和石油天然气法的立法准备工作。尤其是2005年通过的可再生能源法，在立法史上创造了时间最快、通过率最高等多项纪录，同时也是一部受到社会各界高度评价的法律。2010年6月25日通过了石油天然气管道保护法。这段时期的能源法律与能源政策结构体系逐渐成型；能源法律更加受到重视，但是可操作性仍面临严峻的挑战。

拓展 阅读

切实可行的可再生能源法

针对我国常规能源存在着利用效率低和资源的严重浪费、结构失衡、资源严重缺乏，人均水平偏低等实际情况，为实现我国经济的可持续发展，积极实施可再生能源发展战略，从立法层面为可再生能源提供法律支持，2005年十届全国人大常委会十四次会议通过了可再生能源法，于2006年1月1日起正式实施。

可再生能源法共八章，对资源调查与发展规划、产业指导与技术支持、推广与应用、价格管理与费用分摊等作了详细规定。

可再生能源法实施以来，开发利用规模迅速扩大，社会投资空前高涨，可再生能源制造业等相关产业发展势头良好，实施效果也随着2009年该法的修正，得到了进一步的加强，我国可再生能源产业已进入较快发展阶段。可再生能源法是我国新时期立法成功的典范。

可再生能源法之所以成功，主要体现在三个方面：

第一，立法前的政策准备完善。早在1995年国家计委办公厅、国家科委办公厅、国家经贸委办公厅就印发了《新能源和可再生能源发展纲要（1996—2010年）》。"十二五"期间的能源政策也明确提出要加大新能源开发的力度，确立了风电等新能源开发建设的具体政策支持。

第二，法律条款对政策的体现更完备具体。为了保证立法实施的有效性，在可再生能源法中构建了五项重要的制度，即总量目标制度、强制上网制度、分类电价制度、费用分摊制度和专项资金制度。可再生能源法还提出了对可再生能源的发展实施经济激励措施，包括提供可再生能源专项资金、优惠信贷和税收优惠等实质性的激励措施。这些规定既贴近实际，又十分符合可再生能源产业发展的需要。

第三，法律实施与配套政策更细化、周全。为了保证可再生能源法的顺利实施并增强法律实施的有效性和可操作性，在法律通过后不久，全国人大和国务院有关部门即着手进行实施细则的制定准备工作。2005年4月，全国人大法律委员会、法制工作委员会、环境和资源保护委员会以及国家发展和改革委员会、财政部、科技部等六部委联合召开了可再生能源法实施座谈会，在座谈会上，提出了可再生能源法配套实施细则的12项任务，并落实了具体负责组织制定各个实施细则的国务院相关部门。这种做法在我国的立法史上并不多见。截至目前，国家发改委已完成了可再生能源中长期发展规划、可再生能源电价和费用分摊办法、可再生能源发展指导目录和可再生能源发电管理规定等多项重要的配套政策措施。同时，国家发展改革委采取风电特许权招标，推进风电的规模化和产业化发展，开展了可再生能源资源调查评价，积极推动了农林生物质发电、农村沼气建设、生物燃料乙醇等生物质能开发利用，对太阳能、地热能开发利用也作了大量工作。

第二节　我国能源管理制度的现状

能源问题是一个国家经济和社会可持续发展的根本保障，是一个国家安全和社会持续稳定的前提，能源问题的解决已成为各个国家的一项根本性战略任务。将能源问题的解决上升到法律，制定能源法及其制度，形成长期和稳定的行为机制，使能源问题的解决制度化、法律化是历史的必然。随着我国经济的快速增长，能源问题的重要性也日益突出，了解和认识我国能源管理制度的现状及不足，对我国建立节约型社会，完善我国能源法律体系大有裨益。

一、我国能源管理制度的现状

我国自20世纪90年代以来，随着社会主义市场经济体制的逐步建立，能源立法明显加快，能源开发和利用逐步走上了依法管理的轨道。具体体现在以下几个方面：

第一，矿产。自1951年我国颁布了矿业暂行条例以后，矿产资源法、矿产资源法实施细则、矿产资源监督管理暂行办法、石油及天然气勘查、开采登记管理暂行办法、煤炭生产许可证管理办法、乡镇煤矿管理条例等相继出台，形成了我国矿产资源法律体系。我国矿产资源法律当中规定的基本法律制度，可以概括为：矿产资源权属制度、矿产资源规划制度、矿产资源勘查登记制度和采矿许可证制度。

第二，电力。我国于1995年制定了电力法。主要包含的法律制度有电力供给制度、电业设施和工程安全制度。

第三，节约能源。1997年11月1日，八届全国人大常委会二十八次会议通过了节约能源法，该法于1998年1月1日起开始施行，共包括六章五十条内容，并以节能计划制度、重点管制制度、用能产品标识制度、节能标准和节能产品认证制度、节能技术开发、产品生产鼓励制度为其重要法律制度。

第四，可再生能源。为了推进可再生能源的开发利用，克服可再生能源开发利用过程中面临的法律和政策障碍，2005年2月28日，经十届全国人大常委会十四次会议审议通过的可再生能源法，自2006年1月1日起开始实施。其中规定的主要法律制度有：总量目标制度、强制上网制度、分类电价制度、费用分摊制度以及专项资金制度。可再生能源法的立法原则和主要内容，不仅体现了能源可持续发展的理念，还对政府和市场主体共同参与能源结构的调整给予了法律支持。

以上这些法律连同与其配套的能源法规、规章的出台，构成了我国能源法律体系框架的雏形。这些法律法规的制定和实施，不仅是我国能源事业逐步走向法治化的标志，而且在很大程度上支持了能源事业的发展。

二、我国能源管理制度的不足

随着时代的发展和能源问题的不断尖锐化，现有能源法律体系存在的问题越来越明显，主要表现在以下几个方面：

第一，能源法律体系结构还不完整。一是起龙头作用的能源基本法缺失。不能从现行法律规定当中直接找到关于能源法基本制度的法律规定，只能通过概括、提炼和总结相应单行法律法规得出，各项主要能源管理制度之间缺乏必要的联系。根据国外的经验证明，仅仅采用单行法律的模式去规范和协调全社会开发、利用能源的行为，不仅效力低，而且立法及其实施的效益也非常有限。二是子体系不完整。石油、天然气、核能等领域的能源矿业法，至今仍然不完备；天然气供应法、热力供应法等能源公共事业法规不健全。而且现有能源立法主要调整的是能源的开发、利用等行为，对能源产品的销售和服务缺少规范。

第二，立法理念和立法技术较为落后。我国现行的许多能源立法，其立法理念并没有准确地把握市场经济体制下国家及政府、经营者、消费者等相关主体之间应有的关系；在能源、资源、环境、经济和人等相关要素之间关系的把握上，缺少可持续性发展的现代理念。不管是电力法中的电业权制度、电力供给制度等，还是矿产资源法中的矿产资源勘查登记制度以及采矿许可证制度，都是突出资源属性和经济属性，而抛弃了能源的公共物品属性。现行的节约能源法，只是从能源角度谈节约问题，从环境角度谈节约能源的问题几乎没有涉及，因而无法直接起到保护环境的作用。

第三，现有单行法可操作性差。首先，规定过于原则性，其确定性和充分性没能充分展开，对违法者的责任追究制度薄弱。比如，节约能源法，整个法律共七章、八十七条。其中，有章节专门规定国家和相关政府机构在节能方面、应当履行的宏观调控职责、行政监管职责以及相应的制度手段，但是，对于拥有较大自由裁量权的政府机构在节能方面的宏观调控与行政监管职责，并未规定相应的政治性监督与问责机制，也未规定相应的行政和司法救济机制。另外，只规定了用能单位在节能方面的法律义务，而对于依法追究违反义务者法律责任的情形却规定得很少。其次，法律制度与政策体系自身设计过程中的系统性、协调性差，配套措施、法规和标准不完善或者缺位。以节约能源法为例，与之对应的机构设置、资金保障、强制手段、财税激励措施、节能协议、技术和中介服务等必要的支撑条件薄弱甚至缺位，节能政策缺乏完整性和系统性，没有建立起市场调节、政府监管和社会参与相结合的节能新机制。

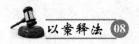 以案释法 08

节能超标建瓷厂，法律制裁不容情

2010年5月14日，A市节能行政主管部门接到举报。A市某建筑陶瓷有限公司正在规划建设60万平方米的建筑陶瓷砖生产线。接到举报后，A市节能行政主管部门立即组织节能监察人员到现场进行监察，发现该项目无设计方案，违反了强制性节能标准。A市节能行政主管部门依据节约能源法有关规定，于2010年6月2日对该企业下达了节能行政处罚告知书，告知其违法事实、理由以及拟作出责令停止建设、限期改造的行政处罚决定，并告知其依法享有的权利。该企业在规定期限内，没有进行申辩、陈述。2010年6月6日，A市节能行政主管部门依法对该企业下达了行政处罚决定书，作出责令其停止建设、限期改造的处罚决定。该企业不服，于2010年7月6日向A市人民政府提起行政复议。经审查，A市人民政府作出行政复议决定：A市节能行政主管部门以该建筑陶瓷有限公司违规开工建设不符合国家强制性能源效率标准的固定资产投资项目，对其进行的行政处罚，事实清楚、证据确凿，维持A市节能行政主管部门于2010年6月6日作出的行政处罚决定。

 释解

本案中，该建筑陶瓷有限公司违规开工建设不符合强制性节能标准的项目，明显违反了节约能源法的相关规定。根据节约能源法规定，国家实行固定资产投资项目节能评估和审查制度。不符合强制性节能标准的项目，建设单位不得开工建设；已经建成的，不得投入生产、使用。

该建筑陶瓷有限公司若限期内经改造达到要求，则可以继续建设；若限期内经改造未达到要求，根据节约能源法的规定，固定资产投资项目建设单位开工建设不符合强制性节能标准的项目，或者将该项目投入生产、使用的，由管理节能工作的部门责令停止建设或者停止生产、使用，限期改造；不能改造或者逾期不改造的生产性项目，由管理节能工作的部门报请本级人民政府按照国务院规定的权限责令关闭。因此，A市节能行政主管部门有权报本级人民政府后依法责令关闭该企业。

第三节　我国能源管理制度的发展和完善

能源法律体系，是指调整能源合理开发、加工转换、储运、供应、贸易、利用及其规制，保证能源安全、有效、持续供给的法律规范和法律制度组成的完整、统一、协调、有内在逻辑构成的系统。能源法律体系是一国能源法及其制度健全和完善的标志，也是一国法律制度建设的重要组成部分。

现阶段，我国已经逐步建立起一个以煤炭法、电力法、石油天然气法、原子能法、节约能源法、可再生能源法为主干，以国务院和地方政府制定的行政法规和能源行政规章相配套的、有中国特色的能源法律体系。

一、能源法与全面深化能源领域改革

（一）还原能源商品属性，建立现代能源市场体系

能源回归商品属性，这是在思想理念上的重大突破，也是能源改革的核心。国家可采取两方面措施还原能源商品属性，全面推进能源改革。一方面是通过能源价格改革，建立并完善与社会主义市场经济体制相适应的能源价格形成机制，有序放开能源领域可竞争环节价格；另一方面提倡发展混合所有制改革，深化国资国企改革，推动能源行业国企可竞争环节市场化。

（二）促进能源财税法定，保障能源领域市场配置公平竞争

2013年中共中央关于全面深化改革若干重大问题的决定史无前例地明确了税收制度改革需要"落实税收法定原则"并"完善税收立法"。我国当前能源开发管理中的核心问题，聚焦于利益分配规则的设置。财税制度的应有功能无疑指向利益分配规则的内容以及效果。我国能源开发的财税体系虽已见雏形，但其体系设置尚不完备，所有者权益保护不足、税费设置重叠导致的重复征收以及概念界定不清、征收主体不明确等诸多问题亟待解决。因此，构建以权益金为主、资源税为辅、特别收益金为补充的新的能源财税法律规范系统，并以财税法定的方式予以固定，是优化资源配置、促进能源领域公平竞争的应然选择。

（三）协调行业监管与反垄断规制，促进煤炭有效竞争

就现有的社会经济条件而言，煤炭行业实现有效竞争是必然的历史选择，也正是这种选择使得对煤炭行业的规制，需要反垄断法与行业监管两者并用。在我国如何协调行业监管和反垄断执法权以实现规制效益最大化，避免不必要的规制重复或者规制真空，成为一个无法回避的问题。对煤炭行业而言，即在确保煤炭行业监管机构在拥有其特殊政策判断的权限下，使反垄断法所欲维护的竞争秩序也可反映在其他特殊政策判断的决策过程中，从而促进竞争政策与政府产业政策的调和。

（四）保持供区专营制度，深化电力市场化改革

电力法作为能源电力行业的基本法律，已制定颁行20多年，对推动和保障我国电力事业发展发挥了重要作用。但是，随着国家经济的发展和各项改革的推进，现行电力法已经不能适应电力事业发展需要。现行电力法必须让其回归经济法本位，按照简政放权的思路，减少行政监管事项，规范行政监管权的行使。更为迫切和重要的是，明确专门的电力行政主管部门，建立统一规范高效的电力行政执法队伍，强化电力行政主管部门的行政服务职能，以现代法治来引领、规范、推动和保障这场电力行业市场化改革取得成功。

二、可再生能源与节约能源法治建设

（一）完善可再生能源法，促进可再生能源有序发展

可再生能源具有在资源的利用上既不会出现枯竭，又不会对环境构成严重威胁的特点，是未来人类社会可持续能源系统的重要组成部分。近年来，我国在可再生能源的立法方面已经有了一定进展，基本形成以可再生能源法为核心的可再生能源法律体系，但立法中仍存在一定的问题和缺陷。其原因在于法律制度设计存在依靠行政驱动，强化行政管制等制度理念和认识的误区，致使制度结构失衡和制度激励缺失。因此，在借鉴国外可再生能源立法成功经验的基础上，细化可再生能源发展目标、有机结合政府调控与市场调节、完善监督管理体制和公众参与制度，成为完善我国可再生能源立法的可行性选择。

（二）加强节约能源法治建设，提高能源效率，保护生态环境

绿色发展已成为中国经济社会未来发展的核心理念。而能源的绿色发展是国家绿色经济发展的基石。要实现能源绿色发展的目标，必须加强节约能源法治建设，将节能提升到国家战略高度，实施节约与开发并举、把节约放在首位的能源发展战略。我国的节约能源法治建设，应当以保护生态环境为理念、以提高能效为核心、以技术创新为驱动力、以节能产权创设及其交易为具体路径，由目前的政府节能逐步走向政府节能和市场节能并举，最终演进到市场节能。

三、原子能与核电发展法治建设

核能具有稳定、洁净、能量密度大的特点，在保障能源安全、调整能源结构、实现节能减排方面发挥着越来越重要的作用。随着国家《能源发展战略行动计划（2014—2020年）》的出台，国内核电发展和"走出去"面临重要的发展契机，迫切需要加快核领域的立法，为核能可持续发展提供制度保障。所以，需要加快原子能法、核安全法等法律的制定。

四、国际能源合作

"一带一路"构想的提出，从政治、经济、军事、外交等视角明确了中国未来发展的战略方向，对我国能源合作、能源安全与能源可持续发展具有前所未有的政治影响，为能源"走出去"和"引进来"提供了重要机遇。为此，我国迫切需要加强国际能源合作，参与国际能源合作法律机制的建立，实现国内能源法律与国际能源法有效接轨。而我国参与国际能源合作法律机制的构建，应把握好能源国际合作、能源主权、能源安全、国际能源新秩序和能源可持续发展的原则，着力设计合理的境内外能源合作并行制度，加强能源贸易合作和运输合作，促进能源科技与教育合作，保障能源安全合作。

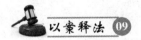 以案释法 09

某公司利用垃圾发电享受优惠上网电价

某市于2003年建成一处生活垃圾填埋场，有效填埋容量为90万立方米，可消纳城市生活垃圾约160万吨，设计使用年限为20年。随着社会经济发展以及城市人口增长，生活垃圾产生量日益增大，该垃圾填埋场已经无法满足长远的垃圾处理要求，为此，该市决定将填埋场的生活垃圾终端处理专营权授权给A公司，以此解决填埋场填埋容量不足的问题，实现垃圾处理无害化、资源化，以保护环境、促进社会发展。

2008年7月A公司垃圾焚烧发电厂在该市市郊建成，日处理城市生活垃圾700吨。该市所在的省物价局根据国家有关规定，在普通电厂上网电价只有不到0.4元／（kW·h）的情况下，核定A公司垃圾焚烧发电厂上网电价为0.59元／（kW·h），自发电机组正式投入商业运行之日起执行。目前A公司垃圾焚烧发电厂已和该市供电公司并网，发电厂发多少电，供电公司都全额收购。

 释解

根据循环经济促进法的规定，建设利用余热、余压、煤层气以及煤矸石、煤泥、垃圾等低热值燃料的并网发电项目，应当依照法律和国务院的规定取得行政许可或者报送备案。电网企业应当按照国家规定，与综合利用资源发电的企业签订并网协议，提供上网服务，并全额收购并网发电项目的上网电量。供电公司全额收购是有法律依据的。

根据循环经济促进法的规定，国家实行有利于资源节约和合理利用的价格政策，引导单位和个人节约和合理使用水、电、气等资源性产品；对利用余热、余压、煤层气以及煤矸石、煤泥、垃圾等低热值燃料的并网发电项目，价格主管部门按照有利于资源综合利用的原则确定其上网电价。A公司垃圾焚烧发电厂享受优惠上网电价，也是有法律依据的。

根据国家发改委2006年1月出台的可再生能源发电价格和费用分摊管理试行办法规定，2006年及以后建设的垃圾焚烧发电厂，上网电价执行2005年脱硫燃煤机组标杆电价＋补贴电价，补贴电价标准为0.25元／(kW·h)。因此，A公司享受的优惠上网电价，是严格按照法律以及相关规定确定的，并非价格主管部门随意定价，更不是由电网企业和发电企业通过协议自行确定的。

这个案例体现了国家鼓励、促进生活垃圾焚烧等可再生能源发电项目的实施，完善实行有利于节能减排的价格政策，并将之纳入法律监管体系。

 以案释法 ⑩

某公司无偿向本单位职工提供能源案

某市一家供电公司对单位内部职工实行家庭用电免费的福利政策。由于全部免费用电，职工日常生活中不论做饭、洗衣，还是取暖，统统用电，多者每月用电能达到上千度，造成电力资源的严重浪费。

该公司发现现行福利政策违反节约能源法之后，迅速召开会议，研究应对之策。总经理认为，如果依法取消免费用电福利，职工一定会有怨言，而违反法律规定最多罚款20万元，对公司财务没有多大影响，罚也认了。副总经理认为，罚款20万元对公司不是什么负担，但是会影响到公司声誉，应该根据法律执行。部门经理认为，职工用电收费与否是经营权限内的事情，法律不能干涉企业自主经营权。经过讨论，该公司高层决定以每度电五分钱的价格向单位职工提供用电，既不违反节约能源法中的相关规定，同时也维护了公司声誉，又能继续给本单位职工提供福利。

释解

　　该公司决定为规避法律规定，以低于市场价格向单位职工提供用电，认为这样的行为既不属于无偿提供能源，也不是包费制，因而不属于违法情形。

　　根据节约能源法的规定，能源生产经营单位不得向本单位职工无偿提供能源。任何单位不得对能源消费实行包费制。违反节约能源法规定，无偿向本单位职工提供能源或者对能源消费实行包费制的，由管理节能工作的部门责令限期改正；逾期不改正的，处五万元以上二十万元以下罚款。

　　该公司的应对之策属违法行为，应予以禁止，并承担相应的法律责任。

第五章

矿产资源管理

矿产资源管理，是指国土资源行政主管部门对矿产资源在积累、储备、消耗过程中，所实施的监督和管理。它包括矿业权管理、矿产资源勘查和开发的监督管理、矿产资源形势分析和资源政策研究、矿产资源规划管理、矿产资源储量管理以及地质资料管理等。我国的矿产资源管理已形成以矿产资源法为主框架的法律体系。本章将从五个方面对矿产资源管理进行解读。

第一节　概述

矿产资源包括能源矿产、金属矿产、非金属矿产、水气矿产，是人类社会赖以生存的物质基础，是国家发展与安全的重要保障。矿产资源具有自然属性、社会属性和经济属性，它的属性特征决定了矿产资源勘查、开采活动的特殊性，决定了国家对矿产资源及其勘查、开采活动进行管理的特殊性。随着经济的发展，世界各国都感到矿产资源的稀缺和重要，合理地开采和管理矿产资源已成为各国治国的重要举措之一。为此，研究我国的矿产资源管理具有重大历史和现实意义。

一、矿产资源管理的概念

矿产资源管理是矿产资源主管部门，在勘探、开采、消耗过程中，对矿产资源质和量的监督管理。通过相关信息的分析，制定矿产资源政策、进行矿产资源规划等宏观调控措施，以保障矿产资源开发利用取得最佳经济效益、社会效益、资源效益和环境效益。其管理对象是矿产资源总量，包括矿产储量（资源量）。管理相对人是各类地质勘查单位、矿山企业和乡镇个体采矿者，涉及地质勘查的各个阶段和采矿生产的全过程。

二、矿产资源管理的基本目标

（一）实现和维护国家对矿产资源的所有权

通过对矿产资源的统一规划，实现国家对矿产资源的处分权，以法律形式规定探矿权人、采矿权人必须依法履行登记储量、汇交地质资料义务等方式，体现国家作为矿产资源所有权人的意志。

（二）确保矿产资源合理开发利用

通过矿产资源的规划管理实现矿产资源宏观配置，通过矿产资源政策研究、制定与实施，对矿产资源勘查、开发活动进行宏观调控，为国民经济和社会发展规划的制定提供决策依据，满足国家对矿产资源的需求，保障国民经济和社会的可持续发展。

三、我国矿产资源法

矿产资源法于1986年3月19日六届全国人大常委会十五次会议通过，1996年8月29日八届全国人大常委会二十一次会议第一次修正，2009年8月十一届全国人大常委会十次会议第二次修正。

（一）立法目的

为了发展矿业，加强矿产资源的勘查、开发利用和保护工作，保障社会主义现代化建设的当前和长远需要而制定。

（二）矿产资源所有权

矿产资源属于国家所有，由国务院行使国家对矿产资源的所有权。地表或者地下的矿产资源的国家所有权，不因其所依附的土地的所有权或者使用权的不同而改变。

（三）适用范围

矿产资源法适用于所有在我国领域及管辖海域勘查、开采矿产资源的行为。

（四）开发方针

国家对矿产资源的勘查、开发实行统一规划、合理布局、综合勘查、合理开采和综合利用的方针。

（五）国家保障矿产资源的合理开发利用

禁止任何组织或者个人用任何手段侵占或者破坏矿产资源。各级人民政府必须加强矿产资源的保护工作。

国家保障依法设立的矿山企业开采矿产资源的合法权益。国有矿山企业是开采矿产资源的主体。国家保障国有矿业经济的巩固和发展。

国家鼓励矿产资源勘查、开发的科学技术研究，推广先进技术，提高矿产资源勘查、开发的科学技术水平。在勘查、开发、保护矿产资源和进行科学技术研究等方面成绩显著的单位和个人，由各级人民政府给予奖励。

国家在民族自治地方开采矿产资源，应当照顾民族自治地方的利益，作出有利于民族自治地方经济建设的安排，照顾当地少数民族群众的生产和生活。民族自治地方的自治机关根据法律规定和国家的统一规划，对可以由本地方开发的矿产资源，优先合理开发利用。

（六）开采申请制度

　　勘查、开采矿产资源，必须依法分别申请、经批准取得探矿权、采矿权，并办理登记；但是，已经依法申请取得采矿权的矿山企业在划定的矿区范围内为本企业的生产而进行的勘查除外。国家保护探矿权和采矿权不受侵犯，保障矿区和勘查作业区的生产秩序、工作秩序不受影响和破坏。从事矿产资源勘查和开采的，必须符合规定的资质条件。

（七）探矿权、采矿权的取得

　　国家实行探矿权、采矿权有偿取得制度；但是，国家对探矿权、采矿权有偿取得的费用，可以根据不同情况规定予以减缴、免缴。具体办法和实施步骤由国务院规定。开采矿产资源，必须按照国家有关规定缴纳资源税和资源补偿费。

（八）转让条件

　　探矿权、采矿权可以转让的情形有：探矿权人有权在划定的勘查作业区内进行规定的勘查作业，有权优先取得勘查作业区内矿产资源的采矿权，探矿权人在完成规定的最低勘查投入后，经依法批准，可以将探矿权转让他人；已取得采矿权的矿山企业，因企业合并、分立，与他人合资、合作经营，或者因企业资产出售以及有其他变更企业资产产权的情形而需要变更采矿权主体的，经依法批准可以将采矿权转让他人采矿。具体办法和实施步骤由国务院规定。禁止将探矿权、采矿权倒卖牟利。

（九）监管部门

　　国务院地质矿产主管部门主管全国矿产资源勘查、开采的监督管理工作。国务院有关主管部门协助国务院地质矿产主管部门进行矿产资源勘查、开采的监督管理工作。省、自治区、直辖市人民政府地质矿产主管部门主管本行政区域内矿产资源勘查、开采的监督管理工作。省、自治区、直辖市人民政府有关主管部门协助同级地质矿产主管部门进行矿产资源勘查、开采的监督管理工作。

 以案释法 11

取土引发的处理难题

　　2008年5月，某村村民向当地国土资源管理部门举报本村村委会卖土毁林。经查，该村有一块10亩的废弃地，原长有老槐树，于1989年予以采伐。后该村将该地块租赁给本村两名村民，但由于坑洼不平，长满荆条、树根、杂草，平整难度大，几年来一直未被利用，村委会决定收回土地进行治理。2007年10月，村委会挖走树根、荆条，同时进行了取土。取土面积5500平方米，取土深度1.5—1.8米之间，所取土以1.6万元的价格卖给某建筑工地。取土用地现已平整并计划承包出去。后村委会"卖土毁林"行为被人举报，该地被认定为未利用土地。当地国土资源管理部门认为土地管理法并未对占用未利用地取土的行为作出规定，但不处理又觉不妥，便向上级国土资源管理部门请示如何处理。

 释解

"土"属于矿产资源，根据矿产资源法的相关规定，开采矿产资源，必须依法申请，经批准取得采矿权，并办理登记。因此，该村委会取土用于销售的行为，应当依法办理开采审批登记手续。该村委会未办理采矿许可证擅自取土的行为违返了上述规定，当地国土资源部门应当依据矿产资源法的规定，责令停止开采、赔偿损失，没收采出的矿产品和违法所得，可以并处罚款。根据矿产资源法实施细则的规定，罚款额为违法所得50%以下。

 以案释法 12

非法采矿案

2005年7月1日，某市国土资源局接到群众举报，称有人非法采矿。国土资源局立即派人赶到现场，发现李某等人分别雇用人员正在采矿施工，当即进行了制止。

经查，自2004年4月开始，李某擅自在已关闭的矿山非法开采建筑石料，特别是2005年4月后李某直接将挖掘机和铲车开到矿区采挖建筑石料，村委会领导也多次对其非法采挖行为予以劝诫，但李某仍我行我素。

虽已被国土资源局调查发现，但李某漠视法律，继续利用早、中、晚管理部门未上班的空隙，用铲车铲挖石料，直至2005年7月16日上午九时再次被查获。

经矿产勘查院专业技术人员对其非法偷挖形成的源储量核算，被盗挖建筑石料量为1.88225万吨，违法所得为12.0464万元。

2006年4月6日，辖区法院依法判处李某有期徒1年，缓刑2年，并处罚金2.5万元。

 释解

李某首先违反了矿产资源法的规定。根据矿产资源法的规定，矿产资源属于国家所有，由国务院行使国家对矿产资源的所有权。禁止任何组织或者个人用任何手段侵占或者破坏矿产资源。从事矿产资源勘查和开采的，必须符合规定的资质条件。

李某在多次制止下，不思悔改，且非法开采数量巨大，严重违反矿产资源法的相关规定，应承担相应的法律责任。

越界开采

2004年6月，某石料有限公司未经依法批准，在矿区划定范围外西南侧非法采挖土方。经当地国土资源局立案调查，其非法开采总面积为260000平方米，开采种类为粘土和岩渣，挖方总量为5900立方米，折算为10620吨。

2005年6月23日，当地国土资源局根据矿产资源法的相关规定，作出如下行政处罚：

一、责令退回经依法批准的矿区范围内开采。

二、赔偿越界开采的10620吨矿产品损失，并处违法所得额的30%的罚款。

该石料有限公司首先违反了矿产资源法对矿山企业变更矿区范围必须报请原审批机关批准，并报请原颁发采矿许可证的机关重新核发采矿许可证的规定，属越界开采矿产资源的行为。

该石料公司的越界行为违反了矿产资源法对越界开采的相关规定。矿产资源法规定，超越批准的矿区范围采矿的，责令退回本矿区范围内开采、赔偿损失，没收越界开采的矿产品和违法所得，可以并处罚款；拒不退回本矿区范围内开采，造成矿产资源破坏的，吊销采矿许可证，依照刑法的规定对直接责任人员追究刑事责任。所以，以上处罚符合法律规定。

第二节　探矿采矿

中国经济的持续高速发展，需要大量的矿产能源。矿产资源的勘查和开采，即平常所说的矿产资源的探矿权与开采权，是矿产资源开采行为的两个主要方面，为了发展矿业，加强矿产资源的勘查、开发利用和保护工作，保障社会主义现代化建设的当前和长远的需要，就矿业资源的探矿与开采进行相关解读。

一、探矿、采矿权含义及法律特征

探矿权是指全民、集体所有制单位和公民个人依照法定程序所取得的勘探、测量国家所有的矿产资源的权利。

采矿权是指具有相应资质条件的法人、公民或其他组织在法律允许的范围内，对国家所有的矿产资源享有的占有、开采和收益的一种特别法意义上的物权。

矿产资源属于国家所有，由国务院行使国家对矿产资源的所有权。地表或者地下的矿产资源的国家所有权，不因其所依附的土地的所有权或者使用权的不同而改变。

二、矿产资源勘查的登记和开采审批

国家对矿产资源勘查实行统一的区块登记管理制度。矿产资源勘查登记工作，由国务院地质矿产主管部门负责；特定矿种的矿产资源勘查登记工作，可以由国务院授权有关主管部门负责。矿产资源勘查区块登记管理办法由国务院制定。国务院矿产储量审批机构或者省、自治区、直辖市矿产储量审批机构负责审查批准供矿山建设设计使用的勘探报告，并在规定的期限内批复报送单位。勘探报告未经批准，不得作为矿山建设设计的依据。矿产资源勘查成果档案资料和各类矿产储量的统计资料，实行统一的管理制度，按照国务院规定汇交或者填报。

设立矿山企业，必须符合国家规定的资质条件，并依照法律和国家有关规定，由审批机关对其矿区范围、矿山设计或者开采方案、生产技术条件、安全措施和环境保护措施等进行审查；审查合格的，方予批准。

开采下列矿产资源的，由国务院地质矿产主管部门审批，并颁发采矿许可证：第一，国家规划矿区和对国民经济具有重要价值的矿区内的矿产资源；第二，前项规定区域以外可供开采的矿产储量规模在大型以上的矿产资源；第三，国家规定实行保护性开采的特定矿种；第四，领海及中国管辖的其他海域的矿产资源；第五，国务院规定的其他矿产资源。开采石油、天然气、放射性矿产等特定矿种的，可以由国务院授权的有关主管部门审批，并颁发采矿许可证。开采第一款、第二款规定以外的矿产资源，其可供开采的矿产的储量规模为中型的，由省、自治区、直辖市人民政府地质矿产主管部门审批和颁发采矿许可证。开采第一款、第二款和第三款规定以外的矿产资源的管理办法，由省、自治区、直辖市人民代表大会常务委员会依法制定。依照第三款、第四款的规定审批和颁发采矿许可证的，由省、自治区、直辖市人民政府地质矿产主管部门汇总向国务院地质矿产主管部门备案。矿产储量规模的大型、中型的划分标准，由国务院矿产储量审批机构规定。

国家对国家规划矿区、对国民经济具有重要价值的矿区和国家规定实行保护性开采的特定矿种，实行有计划的开采；未经国务院有关主管部门批准，任何单位和个人不得开采。

国家规划矿区的范围、对国民经济具有重要价值的矿区的范围、矿山企业矿区的范围依法划定后，由划定矿区范围的主管机关通知有关县级人民政府予以公告。矿山企业变更矿区范围，必须报请原审批机关批准，并报请原颁发采矿许可证的机关重新核发采矿许可证。

三、矿产资源的勘查

矿床勘探必须对矿区内具有工业价值的共生和伴生矿产进行综合评价，并计算其储量。未作综合评价的勘探报告不予批准。但是，国务院计划部门另有规定的矿床勘探项目除外。

普查、勘探易损坏的特种非金属矿产、流体矿产、易燃易爆易溶矿产和含有放射性元素的矿产，必须采用省级以上人民政府有关主管部门规定的普查、勘探方法，并有必要的技术装备和安全措施。

矿产资源勘查的原始地质编录和图件，岩矿心、测试样品和其他实物标本资料，各种勘查标志，应当按照有关规定保护和保存。矿床勘探报告及其他有价值的勘查资料，按照国务院规定实行有偿使用。

四、矿产资源的开采

开采矿产资源，必须采取合理的开采顺序、开采方法和选矿工艺。矿山企业的开采回采率、采矿贫化率和选矿回收率应当达到设计要求。

在开采主要矿产的同时，对具有工业价值的共生和伴生矿产应当统一规划，综合开采，综合利用，防止浪费；对暂时不能综合开采或者必须同时采出而暂时还不能综合利用的矿产以及含有有用组分的尾矿，应当采取有效的保护措施，防止损失破坏。

开采矿产资源，必须遵守国家劳动安全卫生规定，具备保障安全生产的必要条件。开采矿产资源，必须遵守有关环境保护的法律规定，防止污染环境。开采矿产资源，应当节约用地。耕地、草原、林地因采矿受到破坏的，矿山企业应当因地制宜地采取复垦利用、植树种草或者其他利用措施。开采矿产资源给他人生产、生活造成损失的，应当负责赔偿，并采取必要的补救措施。

在建设铁路、工厂、水库、输油管道、输电线路和各种大型建筑物或者建筑群之前，建设单位必须向所在省、自治区、直辖市地质矿产主管部门了解拟建工程所在地区的矿产资源分布和开采情况。非经国务院授权的部门批准，不得压覆重要矿床。

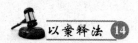 以案释法 14

如何确定被破坏矿产资源的价值

2013年6月至2014年10月，在未取得河道采砂许可证和采矿许可证的情况下，孙某擅自在重点管制流域采挖河砂。虽经当地国土资源局、水利局等相关职能部门多次劝阻并责令停止，但孙某拒不停止其违法行为，致使该河道遭到严重破坏。后经当地国土资源厅鉴定，孙某非法采砂的总量为30957方，破坏矿产资源的价值达198654元。随后，孙某被提起公诉。被告人孙某自辩称自己采矿所得仅6万元，由于破坏矿产资源的价值并不等同于孙某非法采挖砂石的销售价格，法院对孙某的辩解不予采信，并作出判决：孙某犯非法采矿罪，判处有期徒刑6个月，并处罚金人民币4万元，违法所得人民币4万元予以没收。

 释解

被告人孙某违反国家矿产资源的法律法规，未取得采矿许可证擅自采挖河砂，导致重点流域河床被严重破坏，其行为不仅严重影响了当地群众的生产生活，也破坏了当地的生态环境，其行为已经构成非法采矿罪。

最高人民法院关于审理非法采矿、破坏性采矿刑事案件具体应用法律若干问题的解释规定，非法采矿造成矿产资源破坏的价值，数额在5万元以上的，属于刑法规定的"造成矿产资源破坏"；数额在30万元以上的，属于刑法规定的"造成矿产资源严重破坏"。本案关键因素在于如何确定被告人孙某破坏矿产资源的价值。

被破坏矿产资源价值不等同于违法所得。违法所得不是本人说了算，应当经专业勘查检测机构鉴定，机构、评估人员均需具有相应资质，鉴定按照法定程序，实事求是的原则。

矿产资源被破坏价值不等同于非法采挖砂石的销售价格。销售价格受开采方法、市场需求等因素影响，况且部分区域无法测量，计算出来的评估价值实际上是小于矿产资源实际被破坏价值的。

 以案释法 15

与村委签订协议并不代表不违法

2000年，某村村民王某与该村委会签订砂坑承包协议，双方约定：由王某承包该村西口砂坑5亩，经营沙子业务，并一次性交清承包费8万元，村委会提供料场，一切资源费用由村委会负责。该协议签订后，王某向村委会交纳了承包费8万元，并开始开采。2002年9月接到群众举报，市国土资源局进行现场检查，在发现王某未取得采矿许可证的前提下，依照矿产资源法的有关规定，随即勒令王某停止非法采砂，并对其作出追缴非法所得5万元，罚款2万元的行政处罚决定。同时要求王某恢复土地原貌。王某遂以该村委会为被告向法院提起诉讼，认为该罚款应由村委会承担，请求法院判令村委会返还承包费8万元，并赔偿各项损失6万元。

释解

　　根据矿产资源法的规定，违反矿产资源法规定，未取得采矿许可证擅自采矿的，擅自进入国家规划矿区、对国民经济具有重要价值的矿区范围采矿的，擅自开采国家规定实行保护性开采的特定矿种的，责令停止开采、赔偿损失，没收采出的矿产品和违法所得，可以并处罚款。国土资源局对王某的处罚是正确的。

　　矿产资源法规定，矿产资源属于国家所有，由国务院行使国家对矿产资源的所有权。地表或者地下的矿产资源的国家所有权，不因其所依附的土地的所有权或者使用权的不同而改变。矿产资源依法属于国家所有，村委会不享有所有权，也未取得使用权，不具有发包资格，该协议应属无效。本案中村委会也应当承担相应的责任。

　　综上所述，王某与村委会的承包协议无效，村委会应当返还王某承包费8万元，恢复土地原貌的损失分别由各自承担。

第三节　矿产资源的安全生产

一、矿产资源安全概念及意义

　　矿产资源安全是指一个国家或地区可以持续、稳定、及时、足量和经济地获取所需矿产资源的状态或能力。矿产资源安全的内涵主要包括资源的供给安全和资源能源生产与消费的环境安全。

　　矿产资源是一个关系国家社会经济发展的重要战略资源，随着矿产资源安全问题的不断演化，矿产资源安全概念也在不断扩充和完善。随着矿产资源安全问题日益成为世界各国普遍关注的焦点，矿产资源安全战略作为国家经济安全战略的核心。无论是发达国家，还是发展中国家，都将保障矿产资源安全作为国家资源战略的首要目标。

　　我国正处在经济快速发展、社会迅速转型时期，也正是实现经济增长方式转变的关键时期，中国对矿产资源消费的需求越来越大，经济发展和资源约束的矛盾日益尖锐，矿产资源安全问题尤为凸显。矿产资源已成为工业化、信息化、新型城镇化和农业现代化、构建全面小康社会和实现中国梦的重要的物质基础，矿产资源安全问题的研究愈加重要。

二、矿产资源的保护

　　矿产资源属于国家所有，国家保障矿产资源的合理开发利用。禁止任何组织

或者个人用任何手段侵占或者破坏矿产资源。各级人民政府必须加强矿产资源的保护工作。国家保护探矿权和采矿权不受侵犯，保障矿区和勘查作业区的生产秩序、工作秩序不受影响和破坏。我国对矿产资源的保护已经形成了由矿产资源法、矿产资源法实施细则、安全生产法、环境保护法、刑法等法律法规组成的安全生产法律体系。

（一）矿产资源的安全生产总的指导思想

开采矿产资源，必须遵守国家劳动安全卫生规定，具备保障安全生产的必要条件。开采矿产资源，必须遵守有关环境保护的法律规定，防止污染环境。

（二）违反矿产资源法的法律责任

矿产资源法对于矿产资源安全生产中的无证开采、越界开采、盗窃、买卖、破坏性开采等违法行为都作了严格界定。

第一，未取得采矿许可证擅自采矿的，擅自进入国家规划矿区、对国民经济具有重要价值的矿区范围采矿的，擅自开采国家规定实行保护性开采的特定矿种的，责令停止开采、赔偿损失，没收采出的矿产品和违法所得，可以并处罚款；拒不停止开采，造成矿产资源破坏的，依照刑法有关规定对直接责任人员追究刑事责任。

第二，超越批准的矿区范围采矿的，责令退回本矿区范围内开采、赔偿损失，没收越界开采的矿产品和违法所得，可以并处罚款；拒不退回本矿区范围内开采，造成矿产资源破坏的，吊销采矿许可证，依照刑法有关规定对直接责任人员追究刑事责任。

第三，盗窃、抢夺矿山企业和勘查单位的矿产品和其他财物的，破坏采矿、勘查设施的，扰乱矿区和勘查作业区的生产秩序、工作秩序的，分别依照刑法有关规定追究刑事责任；情节显著轻微的，依照治安管理处罚条例有关规定予以处罚。

第四，买卖、出租或者以其他形式转让矿产资源的，没收违法所得，处以罚款。

第五，违反本法规定收购和销售国家统一收购的矿产品的，没收矿产品和违法所得，可以并处罚款；情节严重的，依照刑法有关规定，追究刑事责任。

第六，采取破坏性的开采方法开采矿产资源的，处以罚款，可以吊销采矿许可证；造成矿产资源严重破坏的，依照刑法有关规定对直接责任人员追究刑事责任。

第七，以暴力、威胁方法阻碍从事矿产资源勘查、开采监督管理工作的国家工作人员依法执行职务的，依照刑法有关规定追究刑事责任；拒绝、阻碍从事矿产资源勘查、开采监督管理工作的国家工作人员依法执行职务未使用暴力、威胁方法的，由公安机关依照治安管理处罚条例的规定处罚。

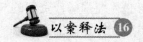以案释法 16

黑土也是矿产资源

2013年6月，A市国土资源局执法人员在动态巡查时，发现张某等人动用挖掘机，在A市某镇猴子山山腰非法开采砖瓦用页岩资源，立即下发责令停止国土资源违法行为通知书，责令其立即停止非法开采行为，听候处理。但张某等人置若罔闻，拒不履行通知书所确定的内容，继续组织人员生产。经查实，截至当年9月底，张某等人共非法开采砖瓦用页岩资源4200吨，并以16元／吨的价格全部销售给A市一家页岩机制砖厂，从中牟利6万元。

A市国土资源局召开案件会审会议，认为张某等人未经批准，擅自开采砖瓦用页岩资源，其行为违反了矿产资源相关法律法规的规定，属未取得采矿许可证擅自采矿行为，依照矿产资源法第三十九条第一款、矿产资源法实施细则第四十二条第（一）项的规定，对其依法作出了责令停止非法开采行为，没收违法所得6万元，并处罚款2万元的行政处罚决定。张某对处罚决定不服，以其开采的黑土不是矿产资源，其没有违反矿产资源相关法律法规，A市国土资源局无权对其实施行政处罚为由，向A市人民政府提起行政复议，要求复议机关撤销A市国土资源局的行政处罚决定。复议机关全面审查后，依法作出了维持A市国土资源局行政处罚决定的行政复议决定。

释解

矿产资源法规定，违反本法规定，未取得采矿许可证擅自采矿的，责令停止开采、赔偿损失，没收采出的矿产品和违法所得，可以并处罚款；拒不停止开采，造成矿产资源破坏的，依照刑法的规定对直接责任人员追究刑事责任。

矿产资源法实施细则规定，未取得采矿许可证擅自采矿的，处以违法所得50%以下的罚款。

矿产资源法规定，未取得采矿许可证擅自采矿的，责令停止开采、赔偿损失，没收采出的矿产品和违法所得，可以并处二十万元以下的罚款。

综上，黑土是矿产资源，国土资源局对张某等人非法开采砖瓦用页岩资源的行为实施行政处罚是正确的，复议机关也予以了维持。

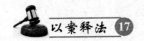

越界开采的重大事故

某日20时18分，某矿业有限责任公司二号煤矿井筒，离井口880米处发生特别重大透水事故，每小时涌水量约为1000立方米，致使三条平峒大部分被淹，直接经济损失达4000万元。

经过调查查明，这起事故的主要原因是该县一个个体煤矿非法开采河床煤柱，并越界穿河与矿业公司的一号煤矿井筒多处相互打通。由于该个体煤矿开采河床煤柱发生透水，水流沿该个体煤矿涌入矿业公司的一号煤矿井筒造成此次透水事故。

 释解

根据矿产资源法规定，矿山企业变更矿区范围，必须报请原审批机关批准，并报请原颁发采矿许可证的机关重新核发采矿许可证。该个体煤矿属非法越界开采矿产资源行为。

根据矿产资源法规定，超越批准的矿区范围采矿的，责令退回本矿区范围内开采、赔偿损失，没收越界开采的矿产品和违法所得，可以并处罚款；拒不退回本矿区范围内开采，造成矿产资源破坏的，吊销采矿许可证，依照刑法有关规定对直接责任人员追究刑事责任。

依据安全生产法规定，依法对安全生产负有监督管理职责的部门依照有关法律、法规的规定，对涉及安全生产的事项需要审查批准或者验收的，必须严格按照有关法律、法规和国家标准或者行业标准规定的安全生产条件和程序。造成本案另一个重要的原因就是该县相关部门对煤炭资源的管理工作跟不上，所以，相关责任人应当承担责任。

针对该事件，根据矿产资源法、安全生产法、刑法依法对个体煤炭非法开采者分别进行刑事处理，同时追究地方管理部门的责任。

第六章

水资源管理

导 读

　　水是人类赖以生存、经济社会赖以发展的基础自然资源之一，而当今世界普遍存在的水资源短缺、水环境污染、洪涝灾害等问题，都影响到了水资源长久有效的利用，影响到了人类社会可持续发展的实现。有效地解决各种水资源危机的一个重要方法就是进行科学的水资源管理。通过水资源的合理分配、优化调度、科学管理，科学合理地开发利用水资源和保护水资源，才能保障经济社会的资源基础，实现人类社会的可持续发展。

第一节　概述

　　我国水资源管理体制经过几十年的发展，经历了从无到有，由弱到强，从不健全到逐步健全的发展历程。我国的水资源行政管理，主要包括水环境管理体制或水资源环境保护体制，主要表现在中央集权与地方分权、流域区划管理与行政区划管理结合、统一监管与分工负责的行政管理模式上。研究和认识我国水资源管理对我国的国民经济发展有着重要意义。

一、我国水资源管理的发展与特点

（一）新中国成立后至1983年，水资源管理起步阶段

水污染防治工作的起步阶段，我国专门的水污染防治立法开始起步，七大流域管理机构的相继成立。1979年颁行的海洋环境保护法开始涉及水污染控制，1984年水污染防治法的颁行，成为我国最早的一部水污染控制的单行法。当时该法明确规定，各级人民政府的环境保护部门是对水污染防治实施统一监督管理的机关。各级

交通部门的航政机关是对船舶污染实施监督管理的机关。各级人民政府的水利管理部门、卫生行政部门、地质矿产部门、市政管理部门、重要江河的水源保护机构，结合各自的职责，协同环境保护部门对水污染防治实施监督管理。这种水污染防治监督管理体制实际上是一种分区域分部门的管理体制。在流域层面，中央政府在长江、黄河、淮河、海河、珠江、松花江与辽河、太湖等各大流域相继设立了流域管理机构，进行了流域层次上的管理。这些流域管理机构直接隶属于当时的国务院水行政主管部门。

（二）1984—2002年水资源管理发展阶段

这一阶段我国水资源管理的相关法律法规逐步建立健全。1988年水法颁行，成为我国水资源管理的基本法。1996年经修正的水污染防治法颁行，虽然仍然实行分区域、分部门的管理体制，依然规定各级人民政府的环境保护部门是对水污染防治实施统一监督管理的机关，各级交通部门和航政机关是对船舶污染实施监督管理的机关，各级人民政府的水利管理部门、卫生行政部门、地质矿产部门、市政管理部门、重要江河的水源保护机构，结合各自的职责，协同环境保护部门对水污染防治实施监督管理，但同时明确了防治水污染应当按流域或者按区域进行统一规划。国家确定的重要江河流域的水资源保护工作机构，负责监测其所在流域的省界水体的水环境质量状况，并将监测结果及时报国务院环境保护部门和国务院水利管理部门；有经国务院批准成立的流域水资源保护领导机构的，应当将监测结果及时报告流域水资源保护领导机构。赋予了流域管理机构负责监测省界水体水质的水污染防治监督职能。

（三）2002年至今，水资源管理变革阶段

这一阶段主要是实行区域管理，横向实行环保部门统一监督管理与有关部门分工负责的管理体制，纵向实行各级地方政府对环境质量负责的分级负责管理体制，而地方环保部门的领导体制则实行双重领导，以地方为主，为"一龙主管，多龙参与"的管理体制。我国现阶段流域水资源保护局与地方政府的关系有两种类型：一种是黄河流域水资源保护局管理形式，该局直管黄河干流的水资源保护问题，支流由水资源保护局统一规划，地方政府直管；另一种是其他六大流域水资源保护局管理形式，这些局对流域水资源保护进行统一规划，管理采用分级方式，绝大多数江河湖库由地方政府直管，流域水资源保护局仅起审批和协调作用。

（四）我国现行的水资源管理的特点

一是将水质和水量相分离进行管理，即通过水法和水污染防治法分别就水资源的利用与污染防治进行相应规定。水法对水资源的管理主要注重的是水资源经济效益的实现，而水污染防治法主要针对的则是水资源的生态效益。

二是国家对水资源实行流域管理与行政区域管理相结合的管理体制，通过在

主要流域设置相应的流域管理机构行使相应的管理职责，同时，由地方政府设立的环保部门及其他相关部门在本行政区域内行使管理职责。这是法律对我国水资源管理体制的规定。

三是实际管理上呈现多部门管理的局面，由于水资源的本身特性决定对其的开发利用与保护必然涉及除水利部门之外的农业、林业、交通等其他部门，而这些部门都不同程度地被赋予了相应的水资源监管权限，由此则呈现出"多龙管水"的局面。

二、水资源管理的主要内容

水资源管理，是指对水资源开发利用和保护的组织、协调、监督和调度等方面的措施。其中包括运用行政、法律、经济、技术和教育等手段，组织开发利用水资源和防治水害；协调水资源的开发利用与经济社会之间的关系，处理各地区、各部门间的用水矛盾；监督并限制各种不合理开发利用水资源和危害水源的行为；制定水资源的合理分配方案，处理好防洪和兴利的调度原则，听从并执行对供水系统及水源工程的优化调度方案；对来水量变化及水质情况进行监测与相应措施的管理等。

三、水资源管理应坚持的原则

水资源管理是由国家水行政主管部门组织实施的、带有一定行政职能的管理行为，它对一个国家和地区的生存和发展有着极其重要的作用。加强水资源管理应遵循一定的原则：坚持水是国家资源的原则；坚持依法治水的原则；坚持整体考虑和系统管理的原则；坚持用水价进行经济管理的原则。

四、水资源管理的重要意义

加强水资源管理是贯彻落实科学发展观，增强可持续发展能力的迫切需要；加强水资源管理是促进经济平稳较快发展的迫切需要；加强水资源管理是增强发展协调性的迫切需要；加强水资源管理是加快发展民生水利的迫切需要；加强水资源管理是提高水利社会管理和公共服务能力的迫切需要。

五、我国水资源管理的相关法律

我国水资源的管理经过多年的发展，已经形成了由法律、法规、规章组成的法律体系。法律有：水法、防洪法、水污染防治法、水土保持法等。行政法规有：河道管理条例、水污染防治实施细则、取水许可和水资源费征收管理条例；部门规章制度以及地方性法规和地方性规章制度。

以案释法 18

一级电站非法取水案

2002年，某村村民李某、王某、张某与当地镇政府达成协议，承包该镇一级电站15年，每年交管理费1000元。租用渠道、大坝、机房、管道、变压器，产权为该镇水管站管理。该三人共同投资约18万元，用于购买发电机、水轮机等，整修渠道、机房，装机等。

电站运营后，当地县水利局多次口头、书面通知该一级电站业主到县水利局办理取水许可证，并缴纳上一年度水资源费。结果该电站业主既不前去办理取水许可证，也不缴纳上一年度水资源费。为了认真执行有关法律法规，加强水资源的管理，水利局经研究决定对该电站立案查处。

2004年9月，该县水政监察大队对该电站非法取水进行询问调查时，该电站充分认识到错误，表示马上办理取水许可证及其他相关手续，缴纳运行期间的水资源费。鉴于其积极表现，水利局决定不予追究其行政责任。

释解

根据水法规定，直接从江河、湖泊或者地下取用水资源的单位和个人，应当按照国家取水许可制度和水资源有偿使用制度的规定，向水行政主管部门或者流域管理机构申请领取取水许可证，并缴纳水资源费，取得取水权。该电站未经水利部门同意擅自改造一级电站，发电二年多既不办理取水许可证，也不缴纳年度水资源费，严重地影响了水资源的管理和规费征收工作，属违法行为。

以案释法 19

盗窃水文设施案

2005年5月8日晚，李家坪水文站高水浮标投放器右岸支架被犯罪分子锯断后盗走。该支架直径15厘米，高20米，重480公斤，价值4228元。支架被盗严重影响到李家坪水文站水文测报工作的正常进行。

李家坪水文站发现支架被盗后，于当日向当地派出所报案。但水文站职工和水文水资源局水政人员并不完全依赖派出所，而是奔走于水文站周围的村庄，决心查出盗窃设施的犯罪分子。在查找到可靠线索后，立即向县公安局汇报。县公安局刑警队根据水文站职工提供的线索，将盗窃、毁损李家坪水文站高水浮标投放支架的王某等三犯罪嫌疑人抓获。后提请县人民检察院批准逮捕，逮捕后县人民检察院向县人民法院提起公诉，县人民法院公开开庭审理，并分别对王某等人作出有期徒刑三年、有期徒刑二年六个月、有期徒刑一年六个月的判决。三名被告均未上诉，判决发生法律效力。通过将这三名盗窃分子绳之以法，震慑了其他违法犯罪分子，捍卫了水法尊严。

释解

　　水法规定，国家保护水工程及提防、护岸等有关设施、保护防汛设施、水文监测设施、水文地质监测设施和导航、助航设施，任何单位和个人不得侵占、毁坏。同时水法还规定，违反本法规定，有下列行为之一的，由县级以上地方人民政府水行政主管部门或者有关主管部门责令其停止违法行为，赔偿损失，采取补救措施，可以并处罚款；应当给予治安管理处罚的，依照治安管理处罚法的规定处罚；构成犯罪的，依照刑法规定追究刑事责任。违反相关规定，王某等三人将受到法律的制裁

第二节　水资源的开发利用

　　我国年降水总量约6万亿立方米，相当于全球陆地降水总量的5%；年径流总量约218万亿立方米，相当于全球陆地径流总量的5%，居世界第六位。但如果按人均占有水资源来计算，我国人均占有水资源不足2400立方米，为世界人均值的四分之一，列世界第110位，属于严重缺水的国家之一。因此，合理开发和利用水资源已成为重要的问题。

一、我国水资源开发利用中存在的问题

　　第一，用水浪费现象严重，用水效率远低于国际水平。由于受传统习惯的影响和经济技术条件的制约，目前我国80%的农田灌溉处于利用系数一般只有30%—40%的高耗水的自流引灌的落后状态中。同时我国工业用水效率也相当低下，工业用水效率只有40%，城市用水中，跑、冒、滴、漏和浪费现象十分突出。

　　第二，水资源污染日益严重。80%的江河湖泊受到不同程度的污染。每年因水污染造成农业损失、渔业损失、工业缺水损失达几百亿元，水污染不仅危及地表水，而且影响地下水质量。水产养殖、水土流失、农药化肥使用量日益增加等，已成为水质污染的重要因素。

　　第三，过量采取地下水，破坏了自然环境和城市建设。

二、我国水法对水资源开发利用的规定

　　我国的水法于1988年1月21日六届全国人大常委会二十四次会议通过，2002年8月29日九届全国人大常委会二十九次会议修订，根据2009年8月27日十一届全国人大常委会十次会议《关于修改部分法律的决定》第一次修正，根据2016年7月2日十二届全国人大常委会二十一次会议《关于修改〈中华人民共和国节约能源法〉等六部法律的决定》第二次修正。

（一）水资源的概念及所有权

水资源，包括地表水和地下水。水资源属于国家所有。水资源的所有权由国务院代表国家行使。农村集体经济组织的水塘和由农村集体经济组织修建管理的水库中的水，归各该农村集体经济组织使用。

（二）开发利用水资源的原则

一是开发、利用水资源，应当坚持兴利与除害相结合，兼顾上下游、左右岸和有关地区之间的利益，充分发挥水资源的综合效益，并服从防洪的总体安排。

二是开发、利用水资源，应当首先满足城乡居民生活用水，并兼顾农业、工业、生态环境用水以及航运等需要。

三是在干旱和半干旱地区开发、利用水资源，应当充分考虑生态环境用水需要。

四是跨流域调水，应当进行全面规划和科学论证，统筹兼顾调出和调入流域的用水需要，防止对生态环境造成破坏。

五是地方各级人民政府应当结合本地区水资源的实际情况，按照地表水与地下水统一调度开发、开源与节流相结合、节流优先和污水处理再利用的原则，合理组织开发、综合利用水资源。

六是国民经济和社会发展规划以及城市总体规划的编制、重大建设项目的布局，应当与当地水资源条件和防洪要求相适应，并进行科学论证；在水资源不足的地区，应当对城市规模和建设耗水量大的工业、农业和服务业项目加以限制。

七是在水资源短缺的地区，国家鼓励对雨水和微咸水的收集、开发、利用和对海水的利用、淡化。

八是地方各级人民政府应当加强对灌溉、排涝、水土保持工作的领导，促进农业生产发展；在容易发生盐碱化和渍害的地区，应当采取措施，控制和降低地下水的水位。

九是农村集体经济组织或者其成员依法在本集体经济组织所有的集体土地或者承包土地上投资兴建水工程设施的，按照谁投资建设谁管理和谁受益的原则，对水工程设施及其蓄水进行管理和合理使用。农村集体经济组织修建水库应当经县级以上地方人民政府水行政主管部门批准。

十是国家鼓励开发、利用水能资源。在水能丰富的河流，应当有计划地进行多目标梯级开发。

（三）水资源开发利用的环保要求

一是建设水力发电站，应当保护生态环境，兼顾防洪、供水、灌溉、航运、竹木流放和渔业等方面的需要。

二是国家鼓励开发、利用水运资源。在水生生物洄游通道、通航或者竹木流放的河流上修建永久性拦河闸坝，建设单位应当同时修建过鱼、过船、过木设施，或者经国务院授权的部门批准采取其他补救措施，并妥善安排施工和蓄水期间的水生生物保护、航运和竹木流放，所需费用由建设单位承担。

三是在不通航的河流或者人工水道上修建闸坝后可以通航的，闸坝建设单位应当同时修建过船设施或者预留过船设施位置。

（四）水资源开发利用的禁止行为

任何单位和个人引水、截（蓄）水、排水，不得损害公共利益和他人的合法权益。

（五）水资源开发利用的移民规定

一是国家对水工程建设移民实行开发性移民的方针，按照前期补偿、补助与后期扶持相结合的原则，妥善安排移民的生产和生活，保护移民的合法权益。

二是移民安置应当与工程建设同步进行。建设单位应当根据安置地区的环境容量和可持续发展的原则，因地制宜，编制移民安置规划，经依法批准后，由有关地方人民政府组织实施。所需移民经费列入工程建设投资计划。

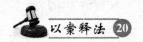

石油污染水库案

王某于2000年10月承包了奶头山水库的1600亩水面养鱼。承包后于当年向该水库投放鱼苗22.5万尾，次年又投放42万尾，2002年再次投放56万尾，三年共计投放鱼苗120.5万尾。经过王某的精心管理，水库内鱼苗生长良好，有的已可上市销售。

某石油开发公司在奶头山水库上游约30公里的新城乡团谷梁村钻打了两口油井。该油井投产后，所排废水均顺山坡流入井侧后渠。某石油开发公司为阻挡污水及原油漫流，即在沟底筑起长2米、宽0.7米、高1米的拦坝，将原油、污水聚积坝中。2002年7月31日，该地区降大雨，洪水冲垮拦坝，将坝内淤积的污水和原油全部冲走，直接注入奶头山水库，使库内水面浮油明显，随即鱼类开始死亡，数日后出现大面积死鱼现象，一直持续一月之久，经有关部门测估，水库鱼类绝大部分已死亡。

双方闹上法庭，最后经法院审理认定，被告某石油开发公司应立即采取治理污染措施，停止向附近山沟排放废水和原油。被告应在判决生效后一月内赔偿原告王某经济损失30万元。鉴定费、案件受理费均由被告承担。

根据水法规定，涉及到环境污染的，依据环境保护法及水污染防治法进行处罚。环境保护法的规定，任何产生环境污染和其他公害的单位，都必须采取有效措施，防治在生产建设或其他活动中产生的废气、废水等物质对环境的污染和危害。水污染防治法规定，禁止向水体排放油类。而被告某石油开发公司无视法律的规定，在石油开采经营活动中，对其产生的废水，未按法律的规定和石油行业部门的规范要求进行处理，而是直接排放在附近沟渠，而且疏于管理，又使部分原油溢漏沟底，属明显的违法行为。应当承担相关法律责任。

第三节 水利工程

新中国成立之初，水资源开发利用水平低下，农田灌排设施极度缺乏，水利工程残破不全。60多年来，我国开展了大规模的水利建设，初步形成了大中小微结合的水利工程体系，水利面貌发生了根本性变化。

一、大江大河干流防洪减灾体系基本形成

七大江河基本形成了以骨干枢纽、河道堤防、蓄滞洪区等工程措施，与水文监测、预警预报、防汛调度指挥等非工程措施相结合的大江大河干流防洪减灾体系，其他江河治理步伐也明显加快。

二、水资源配置格局逐步完善

我国"四横三纵、南北调配、东西互济"的水资源配置格局将逐步形成。

农田灌排体系初步建立。新中国成立以来，特别是20世纪50—70年代，开展了大规模的农田水利建设，大力发展灌溉面积，提高低洼易涝地区的排涝能力，农田灌排体系初步建立，为保障国家粮食安全作出了重大贡献。

三、水土资源保护能力得到提高

在水土流失防治方面，以小流域为单元，山水田林路村统筹，采取工程措施、生物措施和农业技术措施进行综合治理，对长江、黄河上中游等水土流失严重地区实施了重点治理；在生态脆弱河流治理方面，通过加强水资源统一管理和调度、加大节水力度、保护涵养水源等综合措施。在水资源保护方面，建立了以水功能区和入河排污口监督管理为主要内容的水资源保护制度，以"三河三湖"、南水北调水源区、饮用水水源地、地下水严重超采区为重点，加强了水资源保护工作，部分地区水环境恶化的趋势得到初步遏制。

我国水利发展虽然取得了很大成效，但与经济社会可持续发展的要求相比，还存在不小差距，有些问题还十分突出。洪涝灾害频繁；水资源供需矛盾突出；农田水利建设滞后仍然影响农业的稳定发展和国家粮食安全；水利基础设施薄弱、水资源缺乏有效保护、长期地下水超采，导致一些地区发生地面沉降、海水入侵等严重的环境地质问题；制约水利可持续发展的体制机制障碍仍需改革。

四、水法关于水工程的规定

（一）水工程的定义

水工程，是指在江河、湖泊和地下水源上开发、利用、控制、调配和保护水资源的各类工程。

（二）水工程的保护

一是在江河、湖泊新建、改建或者扩大排污口，应当经过有管辖权的水行政主管部门或者流域管理机构同意，由环境保护行政主管部门负责对该建设项目的环境影响报告书进行审批。

二是从事工程建设，占用农业灌溉水源、灌排工程设施，或者对原有灌溉用水、供水水源有不利影响的，建设单位应当采取相应的补救措施；造成损失的，依法给予补偿。

三是禁止在河道管理范围内建设妨碍行洪的建筑物、构筑物以及从事影响河势稳定、危害河岸堤防安全和其他妨碍河道行洪的活动。

四是在河道管理范围内建设桥梁、码头和其他拦河、跨河、临河建筑物、构筑物，铺设跨河管道、电缆，应当符合国家规定的防洪标准和其他有关的技术要求，工程建设方案应当依照防洪法的有关规定报经有关水行政主管部门审查同意。因建设前述工程设施，需要扩建、改建、拆除或者损坏原有水工程设施的，建设单位应当负担扩建、改建的费用和损失补偿。但是，原有工程设施属于违法工程的除外。

五是单位和个人有保护水工程的义务，不得侵占、毁坏堤防、护岸、防汛、水文监测、水文地质监测等工程设施。

六是县级以上地方人民政府应当采取措施，保障本行政区域内水工程，特别是水坝和堤防的安全，限期消除险情。水行政主管部门应当加强对水工程安全的监督管理。

七是国家对水工程实施保护。国家所有的水工程应当按照国务院的规定划定工程管理和保护范围。

八是国务院水行政主管部门或者流域管理机构管理的水工程，由主管部门或者流域管理机构商有关省、自治区、直辖市人民政府划定工程管理和保护范围。

九是规定以外的其他水工程，应当按照省、自治区、直辖市人民政府的规定，划定工程保护范围和保护职责。

十是在水工程保护范围内，禁止从事影响水工程运行和危害水工程安全的爆破、打井、采石、取土等活动。

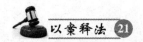

以案释法 21

水利工程违法私包案

西南某省大型水源兴建工程于2008年12月公开招标，由某省一家施工总承包一级资质企业承建。稽查现场发现：溢洪道工程不仅施工进展缓慢，而且存在混凝土外观质量缺陷问题和因边坡开挖不到位存在安全隐患。

通过调查了解到：施工单位未经约定和报批，于2008年12月以包工不包料的形式，将溢洪道混凝土浇筑施工承包给当地没有资质的个体施工队；2009年11月，又将钢筋和模板两项制安工程分别承包给当地无施工资质的个人。同时该工程自开工以来，施工承包单位仅在水利部稽查时，派了几个人赶到工地，稽查一完则走人，平时仅有一人应付日常检查。

释解

该公司的做法违反水利建设工程施工分包管理规定中"承包人将工程分包给不具备相应资质条件的分包人"和"施工承包合同中未有约定，又未经项目法人书面认可，承包人将工程分包给他人的"的禁止性规定。

同时违反水利建设工程施工分包管理规定第六条，即水利建设工程的主要建筑物的主体结构不得进行工程分包。如堤坝、泄洪建筑物、输水建筑物、体结构不得进行工程分包等规定。

此外，还违反水利建设工程施工分包管理规定中关于转包工程的质量监督的有关规定，属于违法行为。

以案释法 22

污水处理公司截污工程破堤案

2006年8月15日，某市水利局水政监察支队在巡查过程中发现，某河流交汇处的河堤被施工毁坏，破堤的长度为300米，高约1.6米，执法人员立即会同区河涌所的有关人员来到案发地进行勘验、拍照，并进行调查了解，结果发现是该市污水处理公司未经批准侵占、毁坏水利工程及堤防护岸等有关设施进行施工所导致。立案后，执法人员按执法程序，对当事人进行了罚款，并要求其限期采取补救措施。

释解

该公司违反了水法、防洪法 c ey 该省河道堤防管理条例的规定。根据相关法律法规规定可采取如下措施：责令停止违法行为；罚款五万元整；限期采取补救措施。

第四节　取水供水

水是生命之源，我国面临着水资源缺乏的危机，同时随着经济的发展，水资源也面临着各种各样的污染，合理的取水供水是关系到国计民生的大事情。我国的水资源管理随着水法的颁布逐步健全。水法对取水供水进行了具体规定，同时根据水法制定的相关取水供水规章也很多。

一、取水供水的概念

取水是指利用取水工程或者设施直接从江河、湖泊或者地下取用水资源。

取水工程或者设施，是指闸、坝、渠道、人工河道、虹吸管、水泵、水井以及水电站等。

供水是指供水企业以公共供水管道及其附属设施向单位和居民的生活、生产和其他各项建设提供用水。

二、水法对取水供水的规定

（一）主管部门

国务院发展计划主管部门和国务院水行政主管部门负责全国水资源的宏观调配。全国的和跨省、自治区、直辖市的水中长期供求规划，由国务院水行政主管部门会同有关部门制订，经国务院发展计划主管部门审查批准后执行。地方的水中长期供求规划，由县级以上地方人民政府水行政主管部门会同同级有关部门依据上一级水中长期供求规划和本地区的实际情况制订，经本级人民政府发展计划主管部门审查批准后执行。

（二）供水制度

一是水中长期供求规划应当依据水的供求现状、国民经济和社会发展规划、流域规划、区域规划，按照水资源供需协调、综合平衡、保护生态、厉行节约、合理开源的原则制定。

二是调蓄径流和分配水量，应当依据流域规划和水中长期供求规划，以流域为单元制定水量分配方案。跨省、自治区、直辖市的水量分配方案和旱情紧急情况下的水量调度预案，由流域管理机构商有关省、自治区、直辖市人民政府制订，报国务院或者其授权的部门批准后执行。其他跨行政区域的水量分配方案和旱情紧急情况下的水量调度预案，由共同的上一级人民政府水行政主管部门商有关地方人民政府制定，报本级人民政府批准后执行。水量分配方案和旱情紧急情况下的水量调度预案经批准后，有关地方人民政府必须执行。在不同行政区域之间的边界河流上建设水资源开发、利用项目，应当符合该流域经批准的水量分配方案，由有关县级以上地方人民政府报共同的上一级人民政府水行政主管部门或者有关流域管理机构批准。

三是县级以上地方人民政府水行政主管部门或者流域管理机构应当根据批准的水量分配方案和年度预测来水量，制定年度水量分配方案和调度计划，实施水量统一调度；有关地方人民政府必须服从。国家确定的重要江河、湖泊的年度水量分配方案，应当纳入国家的国民经济和社会发展年度计划。

四是各级人民政府应当积极采取措施，改善城乡居民的饮用水条件。使用水工程供应的水，应当按照国家规定向供水单位缴纳水费。供水价格应当按照补偿成本、合理收益、优质优价、公平负担的原则确定。具体办法由省级以上人民政府价格主管部门会同同级水行政主管部门或者其他供水行政主管部门依据职权制定。

（三）取水制度

一是国家对用水实行总量控制和定额管理相结合的制度。省、自治区、直辖市人民政府有关行业主管部门应当制订本行政区域内行业用水定额，报同级水行政主管部门和质量监督检验行政主管部门审核同意后，由省、自治区、直辖市人民政府公布，并报国务院水行政主管部门和国务院质量监督检验行政主管部门备案。县级以上地方人民政府发展计划主管部门会同同级水行政主管部门，根据用水定额、经济技术条件以及水量分配方案确定的可供本行政区域使用的水量，制定年度用水计划，对本行政区域内的年度用水实行总量控制。

二是直接从江河、湖泊或者地下取用水资源的单位和个人，应当按照国家取水许可制度和水资源有偿使用制度的规定，向水行政主管部门或者流域管理机构申请领取取水许可证，并缴纳水资源费，取得取水权。但是，家庭生活和零星散养、圈养畜禽饮用等少量取水的除外。

三是用水应当计量，并按照批准的用水计划用水。用水实行计量收费和超定额累进加价制度。

四是各级人民政府应当推行节水灌溉方式和节水技术，对农业蓄水、输水工程采取必要的防渗漏措施，提高农业用水效率。

五是工业用水应当采用先进技术、工艺和设备，增加循环用水次数，提高水的重复利用率。国家逐步淘汰落后的、耗水量高的工艺、设备和产品，具体名录由国务院经济综合主管部门会同国务院水行政主管部门和有关部门制定并公布。生产者、销售者或者生产经营中的使用者应当在规定的时间内停止生产、销售或者使用列入名录的工艺、设备和产品。

六是城市人民政府应当因地制宜采取有效措施，推广节水型生活用水器具，降低城市供水管网漏失率，提高生活用水效率；加强城市污水集中处理，鼓励使用再生水，提高污水再生利用率。

七是新建、扩建、改建建设项目，应当制订节水措施方案，配套建设节水设施。节水设施应当与主体工程同时设计、同时施工、同时投产。

 以案释法 23

私自打井供水案

2012年1月，某市水政监察人员巡查时发现，市民崔某有未经批准违法取水的嫌疑，遂迅速进行详细调查。经查，2012年6月崔某与所在地村委签订了租用水源地打井供水协议。崔某向村委会交纳一定的土地使用费后，村委会向崔某提供取水水源土地，崔某在租用土地上进行打井和供水基本设施建设，村委会负责提供必要的供水安全保障。同年9月，所有取水、供水设施完工，崔某开始正式向周边企业和村庄供水，累计供水3万多立方米，非法获利2万余元。水行政主管部门根据水法的有关规定向崔某依法送达了行政处罚决定书：停止违法取水；擅自修建水工程罚款1万元；擅自取用地下水罚款4万元。

 释解

水法规定，未经水行政主管部门或者流域管理机构同意，擅自修建水工程，或者建设桥梁、码头和其他拦河、跨河、临河建筑物、构筑物，铺设跨河管道、电缆，且防洪法未作规定的，由县级以上人民政府水行政主管部门或者流域管理机构依据职权，责令停止违法行为，限期补办有关手续；逾期不补办或者补办未被批准的，责令限期拆除违法建筑物、构筑物；逾期不拆除的，强行拆除，所需费用由违法单位或者个人负担，并处一万元以上十万元以下的罚款。

此外，水法还规定，未经批准擅自取水的，由县级以上人民政府水行政主管部门或者流域管理机构依据职权，责令停止违法行为，限期采取补救措施，处二万元以上十万元以下的罚款。

综上，崔某的行为违反了水法的相关规定，理应受到处罚。

第五节　水资源保护

我国关于水资源保护已经形成以水法、水土保持法、水污染防治法和取水许可制度实施办法、河道管理条例为主框架的法律体系。虽然当前我国水资源保护在整体上开始好转，但局部仍然不断恶化。在建设"资源节约型、环境友好型"社会背景下，我们需要采取综合性的手段去保护水资源，并对有关法律进行调整、修改与完善，为水资源保护提供强有力的法律支撑。

我国对水资源的保护从水资源、水域和水利工程等方面进行了相应的法律规定，主要内容有：从事水资源开发、利用、节约、保护和防治水害等水事活动，应当遵守经批准的规划；因违反规划造成江河和湖泊水域使用功能降低、地下水超采、地面沉降、水体污染的，应当承担治理责任；国务院水行政主管部门会同国务院环境保护行政主管部门、有关部门和有关省、自治区、直辖市人民政府，省、自治区、直辖市人民政府水行政主管部门、环境保护行政主管部门和其他有关部门是水资源保护的施法主体。

一、水法中的水资源保护规定

县级以上人民政府水行政主管部门、流域管理机构以及其他有关部门在制定水资源开发、利用规划和调度水资源时，应当注意维持江河的合理流量和湖泊、水库以及地下水的合理水位，维护水体的自然净化能力。

开采矿藏或者建设地下工程，因疏干排水导致地下水水位下降、水源枯竭或者地面塌陷，采矿单位或者建设单位应当采取补救措施；对他人生活和生产造成损失的，依法给予补偿。

省、自治区、直辖市人民政府应当划定饮用水水源保护区，并采取措施，防止水源枯竭和水体污染，保证城乡居民饮用水安全。

在江河、湖泊新建、改建或者扩大排污口，应当经过有管辖权的水行政主管部门或者流域管理机构同意，由环境保护行政主管部门负责对该建设项目的环境影响报告书进行审批。

二、水法中的水域保护规定

在河道管理范围内采砂，影响河势稳定或者危及堤防安全的，有关县级以上人民政府水行政主管部门应当划定禁采区和规定禁采期，并予以公告。

禁止围湖造地已经围垦的，应当按照国家规定的防洪标准有计划地退地还湖。禁止围垦河道。确需围垦的，应当经过科学论证，经省、自治区、直辖市人民政府水行政主管部门或者国务院水行政主管部门同意后，报本级人民政府批准。

三、法律责任

第一，在河道管理范围内建设妨碍行洪的建筑物、构筑物，或者从事影响河势稳定、危害河岸堤防安全和其他妨碍河道行洪的活动的，由县级以上人民政府水行政主管部门或者流域管理机构依据职权，责令停止违法行为，限期拆除违法建筑物、构筑物，恢复原状；逾期不拆除、不恢复原状的，强行拆除，所需费用由违法单位或者个人负担，并处一万元以上十万元以下的罚款。

第二，未经水行政主管部门或者流域管理机构同意，擅自修建水工程，或者建设桥梁、码头和其他拦河、跨河、临河建筑物、构筑物，铺设跨河管道、电缆，且防洪法未作规定的，由县级以上人民政府水行政主管部门或者流域管理机构依据职权，责令停止违法行为，限期补办有关手续；逾期不补办或者补办未被批准的，责令限期拆除违法建筑物、构筑物；逾期不拆除的，强行拆除，所需费用由违法单位或者个人负担，并处一万元以上十万元以下的罚款。

第三，虽经水行政主管部门或者流域管理机构同意，但未按照要求修建上述所列工程设施的，由县级以上人民政府水行政主管部门或者流域管理机构依据职权，责令限期改正，按照情节轻重，处一万元以上十万元以下的罚款。

第四，在江河、湖泊、水库、运河、渠道内弃置、堆放阻碍行洪的物体和种植阻碍行洪的林木及高秆作物的；围湖造地或者未经批准围垦河道的。且防洪法未作规定的，由县级以上人民政府水行政主管部门或者流域管理机构依据职权，责令停止违法行为，限期清除障碍或者采取其他补救措施，处一万元以上五万元以下的罚款。

第五，建设项目的节水设施没有建成或者没有达到国家规定的要求，擅自投入使用的，由县级以上人民政府有关部门或者流域管理机构依据职权，责令停止使用，限期改正，处五万元以上十万元以下的罚款。

第六，侵占、毁坏水工程及堤防、护岸等有关设施，毁坏防汛、水文监测、水文地质监测设施的；在水工程保护范围内，从事影响水工程运行和危害水工程安全的爆破、打井、采石、取土等活动的。构成犯罪的，依照刑法的有关规定追究刑事责任；尚不够刑事处罚，且防洪法未作规定的，由县级以上地方人民政府水行政主管部门或者流域管理机构依据职权，责令停止违法行为，采取补救措施，处一万元以上五万元以下的罚款；违反治安管理处罚法的，由公安机关依法给予治安管理处罚；给他人造成损失的，依法承担赔偿责任。

第七，侵占、盗窃或者抢夺防汛物资，防洪排涝、农田水利、水文监测和测量以及其他水工程设备和器材，贪污或者挪用国家救灾、抢险、防汛、移民安置和补偿及其他水利建设款物，构成犯罪的，依照刑法的有关规定追究刑事责任。

第八，在水事纠纷发生及其处理过程中煽动闹事、结伙斗殴、抢夺或者损坏公私财物、非法限制他人人身自由，构成犯罪的，依照刑法的有关规定追究刑事责任；尚不够刑事处罚的，由公安机关依法给予治安管理处罚。

第九，对负有责任的主管人员和其他直接责任人员依法给予行政处分的行为包括：不同行政区域之间发生水事纠纷，拒不执行水量分配方案和水量调度预案的；拒不服从水量统一调度的；拒不执行上一级人民政府的裁决的；在水事纠纷解决前，未经各方达成协议或者上一级人民政府批准，单方面违反水法规定改变水的现状的。

第十，引水、截（蓄）水、排水，损害公共利益或者他人合法权益的，依法承担民事责任。

以案释法 24

建筑物妨碍河道行洪案

刘某从2010年8月开始，在该村泄洪河南岸的河坡及河床上，擅自填土打地基。2011年1月份，刘某未经批准，又在新打的地基上，建成砖瓦结构平房三间，计93平方米。同年秋天，再次擅自建筑砖瓦结构平房两间，计31平方米。接到举报后，该县水利局立即派员到实地勘察现场，经过立案、调查取证，确认村民刘某的建房系违章建设。因此，县水利局于2012年2月16日对刘某作出限期自行拆除违章建筑，并恢复排水河道原状的处罚决定，同时送达水行政处罚决定书。

释解

水法、防洪法、河道管理条例等法律法规确立了河道管理制度，区别不同情况对在河道管理范围内从事某些有可能影响防洪的活动进行禁止或者限制。其中，在河道管理范围内弃置、堆放阻碍行洪的物体，种植阻碍行洪的林木及高秆作物，建设妨碍行洪的建筑物等属于应当禁止的活动，在任何情况下都不得进行建设。对刘某的行政处罚认定事实清楚、适用法律准确、程序合法。

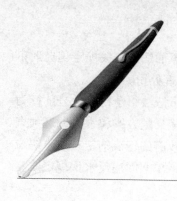

第七章
煤炭资源管理

　　煤炭在中国经济社会发展中占有重要的地位。煤炭资源配置方面的无序、低效及对生态环境的影响等已经成为中国国民经济健康发展亟待解决的问题。对煤炭资源优化配置问题和我国煤炭资源管理法律法规研究，构建体现煤炭资源市场价值的定价机制和煤炭资源优化配置的法律法规，促进适合中国特色的煤炭资源合理开发利用长效管理机制的建立与完善，为建设资源节约型和环境友好型社会有极其重要的意义。

第一节　概述

　　煤炭是我国的主体能源，是国民经济发展的基础产业，我国煤炭能否满足经济增长和社会进步的需要，能否走出一条具有中国特色的煤炭产业可持续发展之路，在相当程度上取决于国家对煤炭实施怎样的产业政策。我国煤炭行业的发展和管理大致经历了四个主要阶段。

一、计划经济时期

　　从新中国成立后到20世纪80年代之前，我国煤炭行业也像所有其他行业一样，完全在计划经济的环境中运行。中央和地方政府对煤炭工业实行了"五统一"的煤炭产业政策，即煤矿建设由政府统一投资，煤矿建设和生产所需物资由国家统一供应，煤炭产品由国家统一调配，煤炭价格由国家统一确定，煤矿亏损由政府统一补贴。"五统一"政策对医治战争创伤，加快煤炭产业的发展，保障国民经济发展和社会生活对煤炭的需求发挥过重要作用。

二、粗放发展时期

20世纪80年代至90年代上半期是我国煤炭产业管理的粗放发展时期。20世纪80年代初，随着改革开放政策的实施，各个行业的发展趋于活跃，社会经济对作为基础能源的煤炭的需求量猛增，煤炭供应紧张。煤炭供应紧张成为制约国民经济的发展的因素。煤炭工业实施积极的对外开放政策，引进国外先进设备和技术，提高了国有煤矿的整体技术装备水平，推动了煤矿现代化建设。1983年4月，国务院颁布了关于加快发展乡镇煤矿的八项措施的文件，国家实行了"大、中、小煤矿一起上，国家、集体、个人一起上"的煤炭产业政策，以调动地方特别是农民办矿的积极性。1985年开始，又对原国有重点煤矿、国有地方煤矿实行了投入产出总承包，之后又多次延续财务承包。这些产业政策，对调动地方、农民办矿的积极性和调动国有煤炭企业的积极性，增加煤炭企业的经营活力，促进煤炭生产和供给发挥了重要作用。1993年之前还没有形成一个比较完整的煤炭产业政策体系。在向市场经济转型初期（1993—1998年），国家在支持煤炭企业减人提效，鼓励兴办非煤产业的同时，一方面在煤炭总量开始失控时继续沿用鼓励小煤矿发展的政策，另一方面又在向市场经济转型中提出了三年放开煤价、三年抽回补贴、煤炭行业整体"扭亏为盈"的目标；1994年，在由产品税改为增值税的税制改革中，考虑煤炭行业特殊性不足，大大增加了煤炭企业的税收负担。

三、整顿治理期

20世纪90年代上半期至2007年为我国煤炭产业管理的整顿治理时期。由于前一阶段粗放型管理政策的引导，煤炭行业在20世纪80年代至90年代前半期虽然发展速度迅猛，但质量相当低下。过低的产业集中度造成供需两端信息传导不畅，市场竞争极度激烈，价格秩序混乱，全行业陷入不景气。1996年第二季度开始出现了煤炭供大于求的局面，这种局面一直维持到2000年。1998年以后，在进一步放开煤价，让煤炭企业进入市场的同时，国家加大了政策支持力度，采取了对煤炭总量进行宏观调控、减轻煤炭企业负担、改善煤炭企业市场竞争环境等政策措施。整个煤炭行业进入了整顿期。

四、2007年至今发展期

随着改革开放与社会主义市场经济的发展，我国初步形成了煤炭资源管理的立法体系及法律制度，形成了中国特色的煤炭资源管理和运作体系。

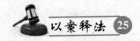 以案释法 25

越界开采受处罚案

某县 A 煤矿属私营企业，于2008年10月29日，经该县所属省国土资源厅批准办理采矿许可证延续登记手续，开采深度由900米至300米标高。在该省整治矿山超深越界开采专项行动中，经该县国土资源测绘队对A煤矿进行了井下测量，初步认定该煤矿存在超深越界开采行为。同年10月25日，该县国土资源局依法对A煤矿采取当面送达方式下达了责令停止违法行为通知书，A煤矿负责人在送达回证上签字、并按上指膜确认签收。随后下达处罚决定，责令A煤矿退回本矿区范围内开采；责令A煤矿对越界巷道打好永久性密闭；没收违法所得50000元；处以罚款110000元。

 **释解**

　　煤炭法规定，煤炭生产应当依法在批准的开采范围内进行，不得超越批准的开采范围越界、越层开采。

　　A矿行为明显属于越界行为，根据煤炭法规定，擅自开采保安煤柱或者采用危及相邻煤矿生产安全的危险方法进行采矿作业的，由劳动行政主管部门会同煤炭管理部门责令停止作业；由煤炭管理部门没收违法所得，并处违法所得一倍以上五倍以下的罚款；构成犯罪的，由司法机关依法追究刑事责任；造成损失的，依法承担赔偿责任。所以，对A矿越界开采行为责令改正，实施罚款，完全合理合法。

 **以案释法 26**

违法抢建造成严重损失案

　　宏达公司于2000年8月经招商引资在某县工业园投资建厂，2001年2月取得村镇房屋所有权证。2001年2月19日，所在地煤矿书面通知宏达公司，要求停止在煤矿井田范围内的抢建行为，否则一切损失煤矿不予补偿。2001年5月，宏达公司经工商登记成立后，发现公司房屋墙体开裂，地基下沉，于2006年6月给煤矿邮寄了煤矿采煤塌陷给公司造成危害的告知函。2006年7月宏达公司取得了国有土地使用证和房屋所有权证。2006年12月，宏达公司不得不因为地基塌陷停产并对厂内设备进行了搬迁。2007年4月宏达公司提起诉讼，根据矿产资源法及煤炭法的有关规定，要求煤矿赔偿设备、房产等损失200余万元，最后败诉。

 **释解**

　　早在宏达公司建设前，该矿已取得了采矿许可证和煤炭生产许可证，并早已投入生产。而宏达公司在未经国务院授权的部门批准，亦未经矿协商同意的情况下，在已经合法批准的矿区范围内进行建设，其行为违反了矿产资源法及实施细则、煤

炭法的相关规定。因此，宏达公司在井田范围内建设的行为不具有合法性，而煤矿的开采行为是合法的，不应承担责任。

另外，《国务院关于加速解决矿区村庄压煤和迁村问题的通知》明确规定，现有生产、在建矿井及国家已批准建设的规划矿井的井田范围内，未经省、市、自治区煤炭工业局同意，不得兴建居民点、工厂、小煤矿以及交通、水利等工程设施。否则，煤矿有权进行正常开采，由于采煤引起的建筑物的破坏，煤矿概不负责。

第二节　行业管理

近几年，我国国内生产总值的高速增长和基础设施的大规模建设造成了对能源的巨大需求。而伴随煤炭产量快速增长的是煤炭事故的频繁发生。造成煤炭安全事故频繁发生的原因是多方面的，煤炭资源自然条件差、产权关系复杂、煤矿安全生产投入严重不足、企业安全意识淡薄和煤矿安全生产管理能力低、措施不健全等因素都是造成我国煤矿安全生产事故频繁发生的重要原因。

一、煤炭资源管理立法体系及法律制度
（一）煤炭资源管理的法律

我国制定的有关保护煤炭资源的法律主要有：矿产资源法、煤炭法（这是我国第一部煤炭立法，它的颁布标志着我国煤炭资源的开发利用开始步入健全的法治轨道）、环境保护法、安全生产法。

（二）煤炭资源管理的行政法规和部门规章

规范煤炭资源的行政法规，是指国务院制定的有关保障煤炭资源合理开发利用的行政法规。部门规章是指国务院所属各部、委和其他依法有行政规章制定权的国家行政部门制定的有关保护煤炭资源的行政规章。

目前，国务院及其所属的国家行政部门已制定了许多有关管理和保护煤炭资源，防治生态环境污染和破坏以及确保煤矿安全生产的行政法规和部门规章。主要有：矿产资源法实施细则、乡镇煤矿管理条例、排放污染物申报登记管理规定、防治尾矿污染环境管理规定、煤矿安全监察条例、国务院关于特大安全事故行政责任追究的规定、安全生产许可证条例等。

（三）煤炭资源管理的地方性法规和地方政府规章

这里的地方性法规是指由省、自治区、直辖市和其他依法有地方性法规制定权的地方人民代表大会及其常务委员会制定的有关保护煤炭资源的地方性法规。地方政府规章是指由省、自治区、直辖市人民政府和其他依法有地方行政规章制定权的地方人民政府制定的有关保护煤炭资源的地方行政规章。相比以上所述法律规范性

文件来说，这部分的法规和规章数量非常庞大，同时也更贴近地方实际。

（四）其他法律法规中有关煤炭资源管理的规定

我们在考察煤炭资源法律体系时，绝不能忽略其他法律部门法律法规中与之相关的规定，民法通则中的物权关系、相邻关系、民事责任等章节中有关煤炭资源的规定。刑法"破坏环境资源保护罪"中"重大环境污染事故罪"，"非法采矿罪、破坏性采矿罪"等与煤炭资源有关的规定。诉讼法中有关处理煤炭资源民事纠纷，刑事纠纷和行政纠纷的程序性规定。除此之外，行政处罚法，行政监察法，行政许可法，劳动法等法律中都有关于保护煤炭资源的规定。

二、我国煤炭资源管理的主要法律制度

法律制度即是一定范围内法律规范的总和，它是法律体系的精髓所在。在我国有关煤炭资源的法律制度已很多，在这里只列举一些重要的，或者是煤炭资源所特有的制度。

（一）煤炭资源权属制度

煤炭资源权属制度是指规定煤炭资源上所设置的各类权利归属及相关问题的法律规范的总和。煤炭资源所有权是指煤炭资源法律关系主体对煤炭资源享有的占有、使用、收益和处分的权利。根据我国宪法第九条规定，矿藏属于国家所有，所以国家享有对煤炭资源的所有权，并由国务院代表国家行使对煤炭资源的所有权。矿产资源法也重申了国家对矿产资源的所有权。煤炭法第三条规定，煤炭资源属于国家所有。地表或者地下的煤炭资源的国家所有权，不因其依附的土地的所有权或使用权的不同而改变。由此可以看出，对于煤炭的权属法律有明确规定。

（二）"三同时"制度

"三同时"制度是指新建、改建、扩建的基本建设项目，技术改造项目，区域或自然资源开发项目，其防治环境污染和生态破坏的设施，必须与主体工程同时设计，同时施工，同时投产使用的制度。它是我国独创的一项重要法律制度，是进行事前预防的重要手段。

（三）环境影响评价和安全评价制度

这两项制度也是对煤炭资源安全进行事前预防的重要法律制度。煤炭环境影响评价制度是指，关于在进行对环境有影响的煤炭资源开发利用建设项目和活动时，应事先对该项目或活动可能给周围环境带来的影响进行预测和评定，制定避免和减少环境破坏的措施，同时编写环境影响报告书或填写环境影响报告表，报有关部门审批后再进行设计和建设的各项规定的总称。

（四）煤炭资源开采许可制度

煤炭资源许可制度，又可称为煤炭资源安全许可证制度或煤炭资源安全市场准入制度。

（五）煤炭资源开采税费制度

煤炭资源开采税费制度是指，关于国家依法对开发利用煤炭资源者征收或收取有关税款或费用的各种规定的总称。

（六）煤炭开发利用的清洁生产制度

清洁生产是指，将综合预防的环境策略持续地应用于生产过程和产品中，以减少对人类和环境的风险性。清洁生产通过应用专门技术，改进工艺流程和改善管理来实现。

（七）煤矿安全法律责任追究制度

煤矿安全法律责任追究制度是指，由规定违反煤矿安全法律法规应承担的一系列法律责任的法律规范所组成的规则系统。

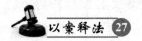 以案释法 27

矿井超量开采案

近期，某省煤炭管理部门按照省政府规定，对本省的57处煤矿突击检查，发现这57处矿井超产现象十分严重。超核定能力20%以上的煤矿达33处，超核定能力10%至20%的煤矿22处，A市一处煤矿甚至超核定能力112%，最低的B市一处煤矿也超过核定能力11%。这都给矿井的安全生产和可持续发展带来了很大影响。据该省煤炭局统计，该省可采储量仅为45亿吨，扣除"三下"压煤造成的暂不可采储量，按目前的开采进度和煤炭产量，多数矿井将在20年内报废，超核定能力生产严重影响了该省煤炭行业的可持续发展。于是该省政府相关部门下发文件，对53处矿井给予通报批评，并要求它们暂停生产，立即限期整改。对不执行政府命令者，将依法严惩。

 释解

煤炭法规定，国家对煤炭开发实行统一规划、合理布局、综合利用的方针。

国家依法保护煤炭资源，禁止任何乱采、滥挖破坏煤炭资源的行为。煤炭管理部门和有关部门的监督检查人员对煤矿企业和煤炭经营企业违反煤炭法律、法规的行为，有权要求其依法改正。

煤矿超生产能力开采违反了煤炭法统一规划、合理布局、综合利用的方针，违反煤炭法有计划开采的矿区范围、开采范围和资源综合利用方案的规定，是变相的乱采，过量开采是追求经济效益的表现，事故不可避免。有关部门依法制止合情合法，体现了煤炭产业安全生产，可持续发展的理念。

违法开采数额巨大，追究刑事责任案

2007年10月开始，杜某等人在本县某镇水库附近组织人员，使用多台挖掘机、推土机等设备未经批准擅自开采煤炭，毁坏大量耕地，严重破坏了当地的生态环境。

当地国土局通过动态巡查发现他们的非法采煤行为之后，立即到现场进行制止，并多次送达责令停止矿产资源违法行为通知书。盗采者对责令停止开采的通知置若罔闻，甚至围堵执法人员进行恐吓甚至殴打。2008年1月，该县国土局采取措施，对杜某等人的非法采矿点进行打击，查扣非法采掘设备一批。此次打击之后，他们的非法采煤活动有所收敛，但不久之后又死灰复燃。该县国土局迅速将这一情况报告了所属市国土局。经过勘测，查明杜某等人破坏矿产资源量达到6100吨，价值60.49万元，涉嫌触犯刑法，该市国土局遂将该案移送市公安局进行刑事立案侦查。

煤炭法规定，未经批准或者未采取安全措施，在煤矿采区范围内进行危及煤矿安全作业的，由煤炭管理部门责令停止作业，可以并处五万元以下的罚款；造成损失的，依法承担赔偿责任。

本案中涉案人员是无证开采，屡禁不止，非法所得数额巨大。根据《最高人民法院关于审理非法采矿、破坏性采矿刑事案件具体应用法律若干问题的解释》规定了对非法采矿行为追究刑事责任，必须有国土部门的"责令停止开采"这一程序，这是一个定罪要件。行政管理无效，违法者危害社会的行为走向严重，才有必要追究刑事责任。

第二个追究刑事责任的要件就是责令停止开采后"拒不停止开采"，这是追究刑事责任的一个重要内容。

追究刑事责任还有一个重要条件是破坏矿产资源量要达到相关规定的限额，根据相关规定，非法采矿造成矿产资源破坏的价值，数额在5万元以上的，属于造成矿产资源破坏，数额在30万元以上的，属于造成矿产资源严重破坏。

综上，杜某等人违法行为同时满足这三个条件，应当承担相应的刑事责任。

第三节　煤矿建设

我国的煤炭资源丰富，但是由于历史与其他原因，我的煤矿建设还存在着许多不足。关于我国的煤矿建设，煤炭法有关条款对煤矿建设从设计规划、申办条件、自身办矿条件、土地征用与补偿、环境保护等方面都作了详细的规定。

一、煤矿建设总体要求和政策

国务院煤炭管理部门根据全国矿产资源勘查规划编制全国煤炭资源勘查规划。国务院煤炭管理部门根据全国矿产资源规划规定的煤炭资源，组织编制和实施煤炭生产开发规划。省、自治区、直辖市人民政府煤炭管理部门根据全国矿产资源规划规定的煤炭资源，组织编制和实施本地区煤炭生产开发规划，并报国务院煤炭管理部门备案。煤炭生产开发规划应当根据国民经济和社会发展的需要制定，并纳入国民经济和社会发展计划。

国家制定优惠政策，支持煤炭工业发展，促进煤矿建设。

煤矿建设项目应当符合煤炭生产开发规划和煤炭产业政策。

二、煤矿建设项目的申办条件

按照煤炭法的规定，开办煤矿企业，应当具备下列条件：有煤矿建设项目可行性研究报告或者开采方案；有计划开采的矿区范围、开采范围和资源综合利用方案；有开采所需的地质、测量、水文资料和其他资料；有符合煤矿安全生产和环境保护要求的矿山设计；有合理的煤矿矿井生产规模和与其相适应的资金、设备和技术人员；法律、行政法规规定的其他条件。

三、开办煤矿企业的许可程序

开办煤矿企业，必须依法向煤炭管理部门提出申请；依照煤炭法规定的条件和国务院规定的分级管理的权限审查批准。

审查批准煤矿企业，须由地质矿产主管部门对其开采范围和资源综合利用方案进行复核并签署意见。

经批准开办的煤矿企业，凭批准文件由地质矿产主管部门颁发采矿许可证。

四、煤矿建设用地

煤矿建设使用土地，应当依照有关法律、行政法规的规定办理。征收土地的，应当依法支付土地补偿费和安置补偿费，做好迁移居民的安置工作。

煤矿建设应当贯彻保护耕地、合理利用土地的原则。

地方人民政府对煤矿建设依法使用土地和迁移居民，应当给予支持和协助。

五、煤矿建设项目"三同时"制度

煤矿建设应当坚持煤炭开发与环境治理同步进行。煤矿建设项目的环境保护设施必须与主体工程同时设计、同时施工、同时验收、同时投入使用。

第四节 煤炭生产和经营管理

煤炭的生产和煤炭经营是煤炭企业的两个重要环节，煤炭生产和煤炭经营在国民经济发展中起到了重要的作用，但是也产生了许多问题，更不乏违法现象，依据宪法、矿产资源法制定的煤炭法，是指导煤炭生产和经营的基本法。煤炭法从煤炭生产经营的条件、产权转让、生产经营的界定等方面进行了规定。

一、煤炭生产

（一）煤炭生产许可制度

煤矿投入生产前，煤矿企业应当依照有关安全生产的法律、行政法规的规定取得安全生产许可证。未取得安全生产许可证的，不得从事煤炭生产。对国民经济具有重要价值的特殊煤种或者稀缺煤种，国家实行保护性开采。开采煤炭资源必须符合煤矿开采规程，遵守合理的开采顺序，达到规定的煤炭资源回采率。

煤炭资源回采率由国务院煤炭管理部门根据不同的资源和开采条件确定。国家鼓励煤矿企业进行复采或者开采边角残煤和极薄煤。煤矿企业应当加强煤炭产品质量的监督检查和管理。煤炭产品质量应当按照国家标准或者行业标准分等论级。

煤炭生产应当依法在批准的开采范围内进行，不得超越批准的开采范围越界、越层开采。采矿作业不得擅自开采保安煤柱，不得采用可能危及相邻煤矿生产安全的决水、爆破、贯通巷道等危险方法。因开采煤炭压占土地或者造成地表土地塌陷、挖损，由采矿者负责进行复垦，恢复到可供利用的状态；造成他人损失的，应当依法给予补偿。

关闭煤矿和报废矿井，应当依照有关法律、法规和国务院煤炭管理部门的规定办理。国家建立煤矿企业积累煤矿衰老期转产资金的制度。

国家鼓励和扶持煤矿企业发展多种经营。国家提倡和支持煤矿企业和其他企业发展煤电联产、炼焦、煤化工、煤建材等，进行煤炭的深加工和精加工。国家鼓励煤矿企业发展煤炭洗选加工，综合开发利用煤层气、煤矸石、煤泥、石煤和泥炭。国家发展和推广洁净煤技术。国家采取措施取缔土法炼焦。禁止新建土法炼焦窑炉；现有的土法炼焦限期改造。

（二）煤矿安全

县级以上各级人民政府及其煤炭管理部门和其他有关部门，应当加强对煤矿安全生产工作的监督管理。

煤矿企业的安全生产管理，实行矿务局长、矿长负责制。矿务局长、矿长及煤矿企业的其他主要负责人必须遵守有关矿山安全的法律、法规和煤炭行业安全规章、规程，加强对煤矿安全生产工作的管理，执行安全生产责任制度，采取有效措施，防止伤亡和其他安全生产事故的发生。

煤矿企业应当对职工进行安全生产教育、培训；未经安全生产教育、培训的，不得上岗作业。煤矿企业职工必须遵守有关安全生产的法律、法规、煤炭行业规章、规程和企业规章制度。

在煤矿井下作业中，出现危及职工生命安全并无法排除的紧急情况时，作业现场负责人或者安全管理人员应当立即组织职工撤离危险现场，并及时报告有关方面负责人。

煤矿企业工会发现企业行政方面违章指挥、强令职工冒险作业或者生产过程中发现明显重大事故隐患，可能危及职工生命安全的情况，有权提出解决问题的建议，煤矿企业行政方面必须及时作出处理决定。企业行政方面拒不处理的，工会有权提出批评、检举和控告。

煤矿企业必须为职工提供保障安全生产所需的劳动保护用品。

煤矿企业应当依法为职工参加工伤保险缴纳工伤保险费。鼓励企业为井下作业职工办理意外伤害保险，支付保险费。

煤矿企业使用的设备、器材、火工产品和安全仪器，必须符合国家标准或者行业标准。

二、煤炭经营

煤炭经营企业从事煤炭经营，应当遵守有关法律、法规的规定，改善服务，保障供应。禁止一切非法经营活动。

煤炭经营应当减少中间环节和取消不合理的中间环节，提倡有条件的煤矿企业直销。

煤炭用户和煤炭销区的煤炭经营企业有权直接从煤矿企业购进煤炭。在煤炭产区可以组成煤炭销售、运输服务机构，为中小煤矿办理经销、运输业务。

禁止行政机关违反国家规定擅自设立煤炭供应的中间环节和额外加收费用。

从事煤炭运输的车站、港口及其他运输企业不得利用其掌握的运力作为参与煤炭经营、谋取不正当利益的手段。

国务院物价行政主管部门会同国务院煤炭管理部门和有关部门对煤炭的销售价格进行监督管理。

煤矿企业和煤炭经营企业供应用户的煤炭质量应当符合国家标准或者行业标准，质级相符，质价相符。用户对煤炭质量有特殊要求的，由供需双方在煤炭购销合同中约定。

煤矿企业和煤炭经营企业不得在煤炭中掺杂、掺假，以次充好。

煤矿企业和煤炭经营企业供应用户的煤炭质量不符合国家标准或者行业标准，或者不符合合同约定，或者质级不符、质价不符，给用户造成损失的，应当依法给予赔偿。

煤矿企业、煤炭经营企业、运输企业和煤炭用户应当依照法律、国务院有关规定或者合同约定供应、运输和接卸煤炭。

运输企业应当将承运的不同质量的煤炭分装、分堆。

煤炭的进出口依照国务院的规定，实行统一管理。

具备条件的大型煤矿企业经国务院对外经济贸易主管部门依法许可，有权从事煤炭出口经营。

三、煤矿矿区保护

任何单位或者个人不得危害煤矿矿区的电力、通讯、水源、交通及其他生产设施。

禁止任何单位和个人扰乱煤矿矿区的生产秩序和工作秩序。

对盗窃或者破坏煤矿矿区设施、器材及其他危及煤矿矿区安全的行为，一切单位和个人都有权检举、控告。

未经煤矿企业同意，任何单位或者个人不得在煤矿企业依法取得土地使用权的有效期间内在该土地上种植、养殖、取土或者修建建筑物、构筑物。

未经煤矿企业同意，任何单位或者个人不得占用煤矿企业的铁路专用线、专用道路、专用航道、专用码头、电力专用线、专用供水管路。

任何单位或者个人需要在煤矿采区范围内进行可能危及煤矿安全的作业时，应当经煤矿企业同意，报煤炭管理部门批准，并采取安全措施后，方可进行作业。

在煤矿矿区范围内需要建设公用工程或者其他工程的，有关单位应当事先与煤矿企业协商并达成协议后，方可施工。

四、监督检查

煤炭管理部门和有关部门依法对煤矿企业和煤炭经营企业执行煤炭法律、法规的情况进行监督检查。

煤炭管理部门和有关部门的监督检查人员应当熟悉煤炭法律、法规，掌握有关煤炭专业技术，公正廉洁，秉公执法。

煤炭管理部门和有关部门的监督检查人员进行监督检查时，有权向煤矿企业、煤炭经营企业或者用户了解有关执行煤炭法律、法规的情况，查阅有关资料，并有权进入现场进行检查。

煤矿企业、煤炭经营企业和用户对依法执行监督检查任务的煤炭管理部门和有关部门的监督检查人员应当提供方便。

煤炭管理部门和有关部门的监督检查人员对煤矿企业和煤炭经营企业违反煤炭法律、法规的行为，有权要求其依法改正。

煤炭管理部门和有关部门的监督检查人员进行监督检查时，应当出示证件。

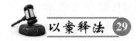 以案释法 29

矿井跑车事故案

2015年8月14日早晨某煤矿A班班长李某带领王某等7人下井到主斜井挡头掘进，徐某在井口打点挂钩，双方约定人员到达挡头后打点放车。井口打点挂钩的徐某在接到打点信号后，未将钢丝绳与矿车连接好，也未按规定对矿车与钢丝绳的连接情况进行仔细检查就急忙踩挡将矿车推入主井井口的安全挡，矿车在惯性和重力的作用下飞速向下跑去。李某等7人刚刚到达井下不到两分钟还未开始工作，就听到后面剧烈撞击声，回头发现矿车将主斜井井下距挡头5米的简易跑车防护装路撞断，随后两名队员被碾压车底。通过现场勘查、调查取证，查清了事故经过和事故原因，认定该事故为责任事故。

 释解

煤炭法规定，煤矿企业应当对职工进行安全生产教育、培训；未经安全生产教育、培训的，不得上岗作业。煤矿企业职工必须遵守有关安全生产的法律、法规、煤炭行业规章、规程和企业规章制度。煤矿企业使用的设备、器材、火工产品和安全仪器，必须符合国家标准或者行业标准。

事故发生的原因是打点挂钩工徐某在未将钢丝绳与矿车连接好，也未按操作规程仔细检查其连接状况的情况下就踩挡将矿车推入井下。严重违反了煤矿安全规程。

根据煤炭法规定，未经批准或者未采取安全措施，在煤矿采区范围内进行危及煤矿安全作业的，由煤炭管理部门责令停止作业，可以并处五万元以下的罚款；造成损失的，依法承担赔偿责任；煤矿企业的管理人员对煤矿事故隐患不采取措施予以消除，发生重大伤亡事故的，依照刑法有关规定追究刑事责任。综上，本案涉案人员应承担相应的法律责任。

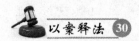 以案释法 30

透水造成的矿难案

2014年5月23日，某矿矿长安排生产班长李某、吴某带领29名矿工下井采煤。其

中有4人安排在三槽一水平南翼巷工作面采煤，4人推车运输。在装运煤的过程中发现工作面煤壁底部有渗水，且煤比平常要湿。约11时，上一班留下的煤装完后，正准备打眼放炮之际，工作面突然停电，11时30分，打眼放炮工作结束，11时40分开始装车运煤，此时突然发生透水。在此之前，工人夏某在车场送电时向生产班长汇报了工作面渗水的情况，生产班长认为应该向矿长报告，于是在11时40分出井，于12时向矿长汇报了井下工作面的渗水情况。生产班长在与安全矿长商量后准备下经查看，当走到副井井口时遇见从井下逃生的矿工，说井下已经发生透水事故。安全矿长于是安排人员从主副井下井抢救。约14时，副井抢救人员返回地面，并汇报说水已经淹没了井底车场。随后主井救援上来矿工汇报说透水已从主副井联络巷淹上来了。透水事故发生后，主井三级下山12米，副井545米以下被淹没。经清点核实，当班井下29名矿工中仅12人逃生，其余17人被困。

释解

本案反映出当班作业人员安全意识薄弱，在发现明显透水征兆后未采取措施，及时撤出井下作业人员。该矿管理混乱，严重违反煤矿法，未落实煤矿安全监察和煤炭主管部门有关政策规定，相关部门监管工作不到位，违反了煤炭法煤矿安全监察行政处罚办法、煤矿建设项目安全设施监察规定等的有关规定，应当追究责任人的相关法律责任。

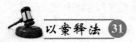

以案释法 ③

乡镇煤矿安全意识差引发的矿难

某乡办煤矿，2004年8月6日13时，井下突然停电后，使用柴油发电机供电，由于电力不足，采取北翼、南翼工作面轮流工作方式。

14时，当班人员共72人下井作业，南翼工作面打眼放第一炮后出煤，15时30分左右开启水泵，停止南翼供电，但当时主扇风机和局部风扇都没有开启。

17时30分，全矿来电，主风扇和局部风扇仍没有开启。瓦斯检测员空班检测。北翼工作面打眼后放第二炮，工作面口2米处挂在背板上处的11个电雷管拖地引脚线被拖动的电缆明接头引爆，引起瓦斯爆炸事故。事故造成26人死亡，10人受伤。直接经济损失38万元。

经查，该矿矿长和特种作业人员无证上岗，作业中"三违"现象严重，矿井下物料及灭火器材存放混乱。

释解

　　本案中矿长及该乡镇办煤矿违反了煤炭法、安全生产法中关于建矿条件的规定，上一级主管部门也没有尽到安全监管的责任，施工人员没有严格的安全意识与安全保护。应依据相关法律法规追究主要责任人的法律责任。

第八章
电力资源管理

导 读

　　随着国民经济的快速发展，我国已成为能源生产和消费大国，能源生产及消费量均居世界首位。根据我国电力资源的状况，合理开发利用化石能源与可再生能源，确保国民经济快速发展对电力的需求，具有重要的现实意义。本章将从概述、电力建设、电价和电费、电力供应与应用、安全生产管理五个方面解读我国电力资源的法律法规和我国电力资源的管理。

第一节　概述

　　作为能源的重要组成部分，电能在我国经济社会发展中的作用至关重要。而电力的开发、建设、运营、输配与使用离不开电力立法的规制。改革开放以来，我国电力法律体系建设取得了重大进展，电力法律体系框架初步形成，现有电力立法成果由调整电力领域相关社会关系的法律、行政法规、部门规章、地方性法规和规章、技术经济规程和规则共同构成，为我国电力改革与发展奠定了法治基础。

一、电力法的概念

　　电力法是调整在电力建设、生产、供应、使用和管理过程中所发生的社会经济关系的法律规范的总称。我国电力法于1995年12月28日由八届全国人大常委会十七次会议通过，1996年4月1日起施行。2009年8月第一次修正，2015年4月进行第二次修正。电力法确立了我国电力事业的基本规范，对于保障和促进电力事业的发展，维护电力投资者、经营者和使用者的合法权益，保障电力安全运行，都有非常重要的意义。

二、电力资源管理的历史发展

（一）计划经济时期（1949—1978年）

在这30年中，中国的电力工业经历了燃料工业部、电力工业部和水利电力部三个管理部门，在燃料部和电力工业部管理时期对全国电力工业实行的是集中管理方式，进入水利电力部管理时期，经历了两次分散、两次集中的管理方式。

（二）改革探索时期（1979—1997年）

从1978年党的十一届三中全会以后，中国的电力工业管理进入了改革探索时期。在此期间中央电力管理部门又经过四次变更，即第二次成立电力工业部，第二次成立水利电力部、成立能源部、最后是第三次成立电力工业部。在电力工业管理体制改革方面，曾研究过全面包干经济责任制、简政放权、自负盈亏、以电养电等方案，最后成立了华能集团公司及各大区的电力集团公司。这一时期的电力改革是依照国务院提出的"政企分开、省为实体、联合电网、统一调度、集资办电"的电力体制改革原则进行的。

1985年5月，国务院批转国家经委等部门关于鼓励集资办电和实行多种电价的暂行规定的通知，集资办电政策正式推出。

1987年9月，国务院提出"政企分开、省为实体、联合电网、统一调度、集资办电"的电力改革与发展"二十字方针"。同时发布电力设施保护条例。

1988年4月，煤炭工业部、石油工业部、核工业部、水利电力部撤销，组建能源部。

1989年发布铺设海底电缆管道管理规定。

1991年发布大中型水利水电工程建设征地补偿和移民安置条例、水库大坝安全管理条例。

1993年3月，能源部等7个部委撤销组建电力工业部等六个部委。电网调度管理条例、核电厂核事故应急管理条例发布。

1995年12月，八届全国人大常委会十七次会议通过电力法，并自1996年4月1日起施行。作为我国第一部电力法，电力法颁布实施以来，对保障和促进电力事业持续、快速、健康发展，保障电网安全稳定运行，满足国民经济和社会发展用电需求发挥了积极作用，有力地促进了电力改革与发展。

1996年4月，电力供应与使用条例发布。

（三）完善时期（1997年至今）

至今我国的电力资源管理已经形成以能源法、电力法、各项行政法规和地方性法规政策为一体的法律框架，我的电力资源管理已经走向法治建设轨道。

三、电力法内容解读

电力法，1995年12月28日八届全国人大常委会十七次会议通过；2009年08月第一次修正，2015年4月第二次修订。

电力法共10章,75个条款,主要内容如下：规定了电力法的立法宗旨、适用范围、基本原则和电力工业管理体制；规定了对电力发展规划、城市电网的建设与改造规划、保护电力投资者的合法权益、电力建设的"四同时"原则以及依法使用土地等内容；规定了电力生产与电网运行应当遵循的原则，安全生产管理制度，发电燃料的供、运、卸责任以及电网运行管理特定原则，并网运行标准、形式、权利义务及并网协议签订原则等内容；对供用电活动中一些重要的基本问题作出了法律规定；规定了电价与电费有关问题的基本法律制度等内容；规定了农村电力建设和农业用电特殊指导原则和行为准则。尤其是对农村电气化发展规划的法律地位，国家对农村电力建设实行的产业政策，保证农村用电等具体政策作出了明确的规定；对电力设施保护范围、设立电力设施保护区，在电力设施保护区内进行作业应遵守的法律规定作出了规范；介绍了电力监督检查的定义、主体、对象和范围，电力监督检查的基本原则，电力监督检查人员的条件，电力监督检查人员的权利和义务等内容；规定了违反电力法的民事责任、行政责任和刑事责任。

 以案释法 32

破坏电力设施案

2000年1月3日，某县供电线路因故障停电，该县农民桑某1月4日晚11时许，到停电线路处，攀登至022号电杆上，用手钳剪断10千伏多加分支供电线路的三相电线500多米，价值1642元，次日将盗得的电线准备出售时，被公安人员抓获。

2000年3月27日，该县县人民检察院就桑某破坏电力设施案向县人民法院提起公诉，县人民法院经审理后认为，以盗窃电线，非法牟利为目的，破坏了国家电力设备，其行为构成破坏电力设备罪，判处桑某有期徒刑四年六个月；判处桑某赔偿县电力局经济损失3529元。

 释解

电力法规定，盗窃电力设施或者以其他方法破坏电力设施，危害公共安全的，依照刑法有关规定追究刑事责任。

桑某的行为因盗窃国家供电线材，致使出现线路故障，影响正常的生产、工作，符合电力法规定的情节，应当依法严惩。

第二节　电力建设

电力建设对社会经济有着明显的拉动作用，而中国经济快速发展，电力供应相对紧张。为满足国民经济和社会发展的需要，国家需要加快电力建设力度。同时用法律保护国家和地方的电力建设。

一、电力建设规划的基本原则

电力发展规划应当根据国民经济和社会发展的需要制定，并纳入国民经济和社会发展计划。

二、电力建设的产业政策

国家通过制定有关政策，支持、促进电力建设。地方人民政府应当根据电力发展规划，因地制宜，采取多种措施开发电源，发展电力建设。

三、电力建设的基本原则

电力发展规划，应当体现合理利用能源、电源与电网配套发展、提高经济效益和有利于环境保护的原则。

四、城市电网建设与改造

城市电网的建设与改造规划，应当纳入城市总体规划。城市人民政府应当按照规划，安排变电设施用地、输电线路走廊和电缆通道。任何单位和个人不得非法占用变电设施用地、输电线路走廊和电缆通道。

五、电力开发实行谁投资、谁受益政策

电力投资者对其投资形成的电力，享有法定权益。并网运行的，电力投资者有优先使用权；未并网的自备电厂，电力投资者自行支配使用。

六、电力建设用地与取水

电力建设项目使用土地，应当依照有关法律、行政法规的规定办理；依法征收土地的，应当依法支付土地补偿费和安置补偿费，做好迁移居民的安置工作。电力建设应当贯彻切实保护耕地、节约利用土地的原则。地方人民政府对电力事业依法使用土地和迁移居民，应当予以支持和协助。

地方人民政府应当支持电力企业为发电工程建设勘探水源和依法取水、用水。电力企业应当节约用水。

电力设施建设的维护权案

　　某甲村的10kV架空电力线路所有权为某供电公司所有，1989年建成投运，2002年许某在该架空电力线路和导线边线向外侧延伸5米范围之内种植橡胶、目生、荔枝等树等植物，2002年3月16日该供电公司为清除该电线路障碍物将许某种植在该电线路下超过3米的9株橡胶树砍掉并将该电线路导线向外侧延伸5米范围内的34株橡胶树、1株母生树和2株荔枝树砍掉部分树枝。许某为此向法院起诉要求该供电公司给予赔偿其经济损失12150元。

释解

　　电力法规定，电力管理部门应当按照国务院有关电力设施保护的规定，对电力设施保护区设立标志。任何单位和个人不得在依法划定的电力设施保护区内修建可能危及电力设施安全的建筑物、构筑物，不得种植可能危及电力设施安全的植物，不得堆放可能危及电力设施安全的物品。在依法划定电力设施保护区前已经种植的植物妨碍电力设施安全的，应当修剪或者砍伐。

　　该高压电线路的所有权属被告，所以被告负有对其进行保护的职责，依据电力设施保护条例及参照某省人民政府办公厅关于电力工程建设中青苗处理等问题的通知的规定：被告将原告种植在该电线路下超过3米以及导线边线向外侧延伸5米范围内的树砍掉是属于合法行为。所以原告请求被告赔偿其树木经济损失没有理由，法院不予支持。

第三节　电力供应与使用

　　电力供应与使用是电力发挥效应的两个主要过程，是买方与卖方的行为，为了加强电力供应与使用的管理，保障供电用电双方的合法权益，维护供电用电秩序，安全、经济、合理地供电和用电，针对新时期供电、用电出现的很多问题，我国的电力法经过几次修正，从供电用电应遵顺的原则、义务、双方共同遵守的法则进行详细规定。

　　关于电力供应与使用主要精神体现在电力法第四章中，重点阐述供电用电的规定。

一、电力供应的原则

　　国家对电力供应和使用，实行安全用电、节约用电、计划用电的管理原则。

二、供电范围规定

供电企业在批准的供电营业区内向用户供电。供电营业区的划分，应当考虑电网的结构和供电合理性等因素。一个供电营业区内只设立一个供电营业机构。

三、供电企业变更

省、自治区、直辖市范围内的供电营业区的设立、变更，由供电企业提出申请，经省、自治区、直辖市人民政府电力管理部门会同同级有关部门审查批准后，由省、自治区、直辖市人民政府电力管理部门发给供电营业许可证。跨省、自治区、直辖市的供电营业区的设立、变更，由国务院电力管理部门审查批准并发给供电营业许可证。

四、供电企业的义务

供电营业区内的供电营业机构，对本营业区内的用户有按照国家规定供电的义务；不得违反国家规定对其营业区内申请用电的单位和个人拒绝供电。申请新装用电、临时用电、增加用电容量、变更用电和终止用电，应当依照规定的程序办理手续。供电企业应当在其营业场所公告用电的程序、制度和收费标准，并提供用户须知资料。

五、供应与使用电力原则与义务

电力供应与使用双方应当根据平等自愿、协商一致的原则，按照国务院制定的电力供应与使用办法签订供用电合同，确定双方的权利和义务。

供电企业应当保证供给用户的供电质量符合国家标准。对公用供电设施引起的供电质量问题，应当及时处理。

用户对供电质量有特殊要求的，供电企业应当根据其必要性和电网的可能，提供相应的电力。

供电企业在发电、供电系统正常的情况下，应当连续向用户供电，不得中断。因供电设施检修、依法限电或者用户违法用电等原因，需要中断供电时，供电企业应当按照国家有关规定事先通知用户。用户对供电企业中断供电有异议的，可以向电力管理部门投诉；受理投诉的电力管理部门应当依法处理。

因抢险救灾需要紧急供电时，供电企业必须尽速安排供电，所需供电工程费用和应付电费依照国家有关规定执行。

六、用电规定

用户应当安装用电计量装置。用户使用的电力电量，以计量检定机构依法认可的用电计量装置的记录为准。

用户受电装置的设计、施工安装和运行管理，应当符合国家标准或者电力行业标准。用户用电不得危害供电、用电安全和扰乱供电、用电秩序。对危害供电、用电安全和扰乱供电、用电秩序的，供电企业有权制止。

七、电费的收取

供电企业应当按照国家核准的电价和用电计量装置的记录，向用户计收电费。供电企业查电人员和抄表收费人员进入用户，进行用电安全检查或者抄表收费时，应当出示有关证件。

用户应当按照国家核准的电价和用电计量装置的记录，按时交纳电费；对供电企业查电人员和抄表收费人员依法履行职责，应当提供方便。

供电企业和用户应当遵守国家有关规定，采取有效措施，做好安全用电、节约用电和计划用电工作。

 以案释法 34

盗窃变压器案

2013年12月至2014年3月，某镇东兴街道、东风街道、胜利镇、乌镇、高粱镇、白合镇等地先后多次发生破坏、盗窃电力设备案，被盗变压器达十余台，造成直接或间接经济损失达二十余万元。作案场所多选择在城郊和乡镇离公路不远，而交通十分便利的地段。此时正值春节前农民工返乡的高峰期间，盗窃电力设施的猖狂行为严重影响了当地村民正常的生产生活用电。造成公司供电服务投诉增多，社会影响恶劣。

公安部门接到报案后，经过一个月的摸排走访，结合技术性侦查，一个以王某、蒋某等人为首盗窃电力设施的犯罪团伙逐渐浮出水面。2014年2月28日，负责情报收集工作的侦查员向专案组反馈一条重要信息：这犯罪团伙很可能再次作案。为了尽可能挽回国家的经济损失，专案组决定立即收网。当晚，犯罪嫌疑人王某等被抓获。

 释解

犯罪嫌疑人的行为触犯了电力法、电力供应与使用条例的有关规定，且情节特别严重，触犯了刑法规定，涉嫌破坏电力设备罪。法院经审理判决：王某，犯破坏电力设备罪判刑五年，犯盗窃罪判刑一年半，执行有五年半；蒋某奎，犯破坏电力设备罪判刑三年三个月，犯盗窃罪判刑一年，执行有三年半；蒋某刚，犯破坏电力设备罪判刑三年，犯盗窃罪判刑八个月，执行有三年一个月；蒋某船，犯破坏电力设备罪判刑一年；张某，犯盗窃罪判刑八个月。

以案释法 35

大型机械外力破坏电气案

2012年9月14日，某局地铁二号线延伸段项目部在220kV龙海线80号档线下展开各类施工，大型机具和流动作业人员随之大幅增加，使线路运行的外部环境复杂。由于机械设备的操作人员违章使用吊车吊装钢筋作业时，触碰到电力线路，造成220kV龙海线故障跳闸，引发大面站220kV母线失压，母线上多条220kV枢纽线路跳闸。结果发现及时未造成对外停电和负荷损失。事故后地铁二号线项目部愿意承担故障损失，并对作为外力破坏事件进行赔付。

释解

电力法规定，任何单位和个人不得在依法划定的电力设施保护区内修建可能危及电力设施安全的建筑物、构筑物，不得种植可能危及电力设施安全的植物，不得堆放可能危及电力设施安全的物品。任何单位和个人需要在依法划定的电力设施保护区内进行可能危及电力设施安全的作业时，应当经电力管理部门批准并采取安全措施后，方可进行作业。电力设施与公用工程、绿化工程和其他工程在新建、改建或者扩建中相互妨碍时，有关单位应当按照国家有关规定协商，达成协议后方可施工。

本案中施工单位未经电力管理部门批准，没事先与电力部门签订电力设施保护安全协议（包括保护范围、防护措施、应尽义务、违约责任、事故赔偿标准等内容），指导施工单位制订详细的电力设施防护方案。根据电力法规定理应承担相应责任。

第四节　电价与电费

电价和电费与企业的发展、环境保护、人民生活有着紧密的联系，我国的电价与电费制度在长期探索和实践中形成自己的价格体系。

一、电价的概念

电力法所称电价，是指电力生产企业的上网电价、电网间的互供电价、电网销售电价。

二、电价管理原则

电价实行统一政策，统一定价原则，分级管理。

三、电价制定原则

制定电价，应当合理补偿成本，合理确定收益，依法计入税金，坚持公平负担，促进电力建设。上网电价实行同网同质同价。具体办法和实施步骤由国务院规定。

电力生产企业有特殊情况需另行制定上网电价的，具体办法由国务院规定。

四、特殊情况电价具体规定

一是跨省、自治区、直辖市电网和省级电网内的上网电价，由电力生产企业和电网经营企业协商提出方案，报国务院物价行政主管部门核准。

独立电网内的上网电价，由电力生产企业和电网经营企业协商提出方案，报有管理权的物价行政主管部门核准。

二是地方投资的电力生产企业所生产的电力，属于在省内各地区形成独立电网的或者自发自用的，其电价可以由省、自治区、直辖市人民政府管理。

跨省、自治区、直辖市电网和独立电网之间、省级电网和独立电网之间的互供电价，由双方协商提出方案，报国务院物价行政主管部门或者其授权的部门核准。

三是独立电网与独立电网之间的互供电价，由双方协商提出方案，报有管理权的物价行政主管部门核准。

五、特殊情况电价方案的核准

一是跨省、自治区、直辖市电网和省级电网的销售电价，由电网经营企业提出方案，报国务院物价行政主管部门或者其授权的部门核准。

二是独立电网的销售电价，由电网经营企业提出方案，报有管理权的物价行政主管部门核准。

三是国家实行分类电价和分时电价。分类标准和分时办法由国务院确定。

四是对同一电网内的同一电压等级、同一用电类别的用户，执行相同的电价标准。

五是用户用电增容收费标准，由国务院物价行政主管部门会同国务院电力管理部门制定。

六、电价法规中禁止行为

一是任何单位不得超越电价管理权限制定电价。供电企业不得擅自变更电价。

二是禁止任何单位和个人在电费中加收其他费用；但是，法律、行政法规另有规定的，按照规定执行。

三是地方集资办电在电费中加收费用的，由省、自治区、直辖市人民政府依照国务院有关规定制定办法。

四是禁止供电企业在收取电费时，代收其他费用。

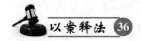

预收电费成功案

某大型冶金企业于2005年3月10日向供电公司提出用电申请，正常投产后，其每月电费将高达700余万元，将成为该市第一用电大户，并且该企业又是地方政府招商引资落户的重点项目。该企业信誉如何？电费能否按时缴纳？这一连串的问题摆在供电公司面前。虽然该企业反复表态电费保证能够月结月清，但供电公司没有丝毫的大意。

为保证该冶金企业的电费能够按时缴纳，供电公司采取了一系列措施：一是公司领导主动向地方政府汇报了该冶金企业的电费情况，争取理解支持；二是组织相关人员召开会议，专题研究制订该企业的电费结算方式，并实行电费回收责任制，指定专人负责；三是对该企业的电费实行动态管理，每日对其抄表测算，具体掌握该企业的用电量和电费。

经过多次协商，双方签订了电费结算协议，该公司在2005年5月26日送电的同时，预缴了580万元的电费。

释解

这是一新增客户成功预收电费的案例，说明电费回收工作一是要做到超前预想、早分析、早准备、早部署，一旦遇到潜在的电费风险，领导要高度重视，快速反应，抢抓时间；二是要善于集中智慧和力量，采取多种切实有效的措施，解决好大户的电费回收问题；三是通过电费回收责任制来充分调动收费人员的积极性和主观能动性，大力提高责任意识。只有这样上下联动，多管齐下，才能把电费回收工作做细做实。

电工故意多抄表案

在居民抄表例日，抄表员赵某因雨雪冰冻出门不便，没有按照以往的周期抄表，而是对用户王某的电能表指示数进行估测，超出实际电量350千瓦时，达到了用户平均月用电量的3倍多。当用户接到电费通知单后，与抄表员联系要求更正，但抄表员以工作忙为由，未能进行及时解决，引起用户不满，向报社反映此事，当地报社对此事进行了报道。

事件发生后，该供电公司立即派人上门核实现场情况，主动道歉，按实际电量重新计算电费，并对责任人进行行政处分。同时，请宣传部门协调报社，联合推出供电服务热线接听栏目，扭转不利影响。

释解

电力法规定，未按照国家核准的电价和用电计量装置的记录向用户计收电费、超越权限制定电价或者在电费中加收其他费用的，由物价行政主管部门给予警告，责令返还违法收取的费用，可以并处违法收取费用五倍以下的罚款；情节严重的，对有关主管人员和直接责任人员给予行政处分。

本事件供电工作人员因出门不便为由，擅自估计用电数量，同时发生问题后，不立即采取补救措施，根据电力法的规定，对该工作人员进行行政处罚是应该的。

第五节　电力设施保护

电力设施是指对社会提供服务的发电厂、变电站、电力线路及其有关辅助设施，还包括风力、太阳能等新能源发电设施及其辅助设施，包括计量装置，电动汽车使用的充电站、换电站、充电桩及其辅助设施。从使用状态上可分为建设中的电力设施、投入运行正常使用的电力设施、检修的电力设施和备用状态的电力设施。关于电力设施保护，我国的电力法及电力设施保护条例、电力设施保护条例实施细则都有严格规定。

一、电力法关于电力设施保护

（一）电力设施保护原则

任何单位和个人不得危害发电设施、变电设施和电力线路设施及其有关辅助设施。

（二）电力设施保护具体规定

第一，在电力设施周围进行爆破及其他可能危及电力设施安全的作业的，应当按照国务院有关电力设施保护的规定，经批准并采取确保电力设施安全的措施后，方可进行作业。

第二，电力管理部门应当按照国务院有关电力设施保护的规定，对电力设施保护区设立标志。

第三，任何单位和个人不得在依法划定的电力设施保护区内修建可能危及电力设施安全的建筑物、构筑物，不得种植可能危及电力设施安全的植物，不得堆放可能危及电力设施安全的物品。

第四，在依法划定电力设施保护区前已经种植的植物妨碍电力设施安全的，应当修剪或者砍伐。

第五，任何单位和个人需要在依法划定的电力设施保护区内进行可能危及电力设施安全的作业时，应当经电力管理部门批准并采取安全措施后，方可进行作业。

第六，电力设施与公用工程、绿化工程和其他工程在新建、改建或者扩建中相互妨碍时，有关单位应当按照国家有关规定协商，达成协议后方可施工。

二、电力设施保护条例具体规定

第一，任何单位和个人不得从事下列危害发电设施、变电设施的行为：闯入发电厂、变电站内扰乱生产和工作秩序，移动、损害标志物；危及输水、输油、供热、排灰等管道（沟）的安全运行；影响专用铁路、公路、桥梁、码头的使用；在用于水力发电的水库内，进入距水工建筑物300米区域内炸鱼、捕鱼、游泳、划船及其他可能危及水工建筑物安全的行为；其他危害发电、变电设施的行为。

第二，任何单位和个人不得从事下列危害电力线路设施的行为：向电力线路设施射击；向导线抛掷物体；在架空电力线路导线两侧各300米的区域内放风筝；擅自在导线上接用电器设备；擅自攀登杆塔或在杆塔上架设电力线、通信线、广播线，安装广播喇叭；利用杆塔、拉线作起重牵引地锚；在杆塔、拉线上拴牲畜、悬挂物体、攀附农作物；在杆塔、拉线基础的规定范围内取土、打桩、钻探、开挖或倾倒酸、碱、盐及其他有害化学物品；在杆塔内（不含杆塔与杆塔之间）或杆塔与拉线之间修筑道路；拆卸杆塔或拉线上的器材，移动、损坏永久性标志或标志牌；其他危害电力线路设施的行为。

第三，任何单位和个人不得在架空电力线路保护区内实施下列行为：任何单位或个人在架空电力线路保护区内，必须遵守下列规定：不得堆放谷物、草料、垃圾、矿渣、易燃物、易爆物及其他影响安全供电的物品；不得烧窑、烧荒；不得兴建建筑物、构筑物；不得种植可能危及电力设施安全的植物。

第四，任何单位或个人在电力电缆线路保护区内，必须遵守下列规定：不得在地下电缆保护区内堆放垃圾、矿渣、易燃物、易爆物，倾倒酸、碱、盐及其他有害化学物品，兴建建筑物、构筑物或种植树木、竹子；不得在海底电缆保护区内抛锚、拖锚；不得在江河电缆保护区内抛锚、拖锚、炸鱼、挖沙。

第五，任何单位或个人必须经县级以上地方电力管理部门批准，并采取安全措施后，方可进行下列作业或活动：在架空电力线路保护区内进行农田水利基本建设工程及打桩、钻探、开挖等作业；起重机械的任何部位进入架空电力线路保护区进行施工；小于导线距穿越物体之间的安全距离，通过架空电力线路保护区；在电力电缆线路保护区内进行作业。

第六，任何单位或个人不得从事下列危害电力设施建设的行为：非法侵占电力设施建设项目依法征收的土地；涂改、移动、损害、拔除电力设施建设的测量标桩和标记；破坏、封堵施工道路，截断施工水源或电源。

第七，未经有关部门依照国家有关规定批准，任何单位和个人不得收购电力设施器材。

保护电力设备应该守法案

某年5月6日上午8：30分左右，某供电公司线路抢修班人员接到抢修电话通知，去抢修一台枕木腐烂、高度倾斜的公用变压器。当抢修吊车快到工作地点时，几名交警拦车检查，发现该吊车已超过两个月没有年检，交警对未年检吊车实施暂扣并将车拖走。为抓紧时间开展工作，抢修人员一边与交警交涉，一边派人对所需抢修的变压器进行停负荷、拉支线刀闸等工作。因为道路交通信号灯的电源恰好就接在该变压器上，停电工作致使信号灯熄灭。一个交警误认为这是一种报复行为，在未对抢修人员进行任何询问的情况下，突然用随身携带的"防狼器"，对实施停电的抢修人员进行袭击并致其轻伤，引发双方纠纷。事件发生后，该供电公司采取了应急措施，就有关情况向当地相关领导进行了汇报，并与交警部门进行进一步的沟通，力求尽快妥善处理有关矛盾和问题，使事态得到了较好控制。

电力法规定，电力管理部门依法对电力企业和用户执行电力法律、行政法规的情况进行监督检查。电力企业和用户对执行监督检查任务的电力监督检查人员应当提供方便。电力企业应当加强安全生产管理，坚持安全第一、预防为主的方针，建立、健全安全生产责任制度。电力企业应当对电力设施定期进行检修和维护，保证其正常运行。

本案中供电公司的职工对电力设施进行抢修，符合电力法的有关规定，但应与交警部门进行沟通。

破坏电力铁塔案

某市区某施工单位不顾供电局多达8次的书面整改通知，强行在山体周边进行高切坡作业，致使110千伏金南东西线5号铁塔处出现山体滑坡，造成铁塔轻度倾斜，引发南岸大面积停电事故。当地供电部门逐级反映，当地市政府马上启动应急预案，恢复供电，避免事故的发生，同时依法对相关责任人进行刑事处理。

释解

　　电力法规定，任何单位和个人不得危害发电设施、变电设施和电力线路设施及其有关辅助设施。在电力设施周围进行爆破及其他可能危及电力设施安全的作业的，应当按照国务院有关电力设施保护的规定，经批准并采取确保电力设施安全的措施后，方可进行作业。未经批准或者未采取安全措施在电力设施周围或者在依法划定的电力设施保护区内进行作业，危及电力设施安全的，由电力管理部门责令停止作业、恢复原状并赔偿损失。

　　案例中的施工单位不听劝阻，任意施工，致使供电铁塔倾斜，所幸没有造成严重后果，应依据电力法阻碍电力建设或者电力设施抢修，致使电力建设或者电力设施抢修不能正常进行的，应当给予治安管理处罚的，由公安机关依照治安管理处罚条例的有关规定予以处罚；构成犯罪的，依法追究刑事责任的规定，该施工单位应当承担相应责任。

第九章

石油天然气资源管理

　　我国发现和利用石油、天然气有着悠久的历史。但在近代石油工业发展史的相当长的时间里，又大大落后于其他主要石油生产国。到了20世纪后半期，才有了很快的发展并跨入世界主要产油国的行列。我国关于石油与天然气的管理也经历一个探索、借鉴、形成体系的过程，本章将从概述、管道设施保护、开采陆上、海洋石油资源、海洋石油勘探开发环境保护方面，结合实际案例，对我国关于石油天然气资源管理法治进程进行一个梳理。

第一节　概述

　　石油天然气资源管理是我国国土资源行政管理的重要组成部分，通过对资源的勘查、估算、开采、消耗、关闭等各个阶段资源储量状况的监管、登记统计、资料汇交，建立客观、准确的油气资源档案，不但可以为社会提供便利和实用的油气资源储量信息和地质资料信息的社会化服务，指导企业、国土资源管理部门对油气资源的合理利用；而且还为国家制定宏观资源政策和规划提供可靠依据。

一、石油管理的体制发展历程

　　中国石油天然气工业管理体制经历了多次调整与变革，但总的来说，是从高度集权的统一的计划管理方式，逐步向市场化管理过渡。

（一）集权管理阶段

　　20世纪80年代以前，石油天然气工业管理体制的特点是高度集中和垄断经营。虽然石油天然气工业的政府主管部门几经变迁，但石油天然气工业从上游到下游都是由一个政府部门统一管理的。

1950年，中央人民政府设立了燃料工业部，石油工业的管理由下设的石油管理总局负责。1955年，为了大力发展能源工业，国家撤销了燃料工业部，成立石油工业部、煤炭工业部和电力工业部。石油工业部负责石油工业的生产建设工作，地质部承担石油资源的普查工作。

1970年6月，煤炭工业部、石油工业部、化学工业部合并，成立燃料化学工业部，1975年，撤销燃料化学工业部，恢复石油工业部和化学工业部。1980年，成立国家能源委员会，负责管理石油、煤炭、电力三个部门。1982年，撤销能源委员会，三个部直接由国务院领导。

（二）专业化分工阶段

从20世纪80年代初期到1998年，石油工业管理体制的特点是专业化分工，而且，尽管后来成立的石油、石化总公司仍然承担着大部分的政府管理职能，但总体上石油产业开始向企业化管理方式迈进。

1982年2月，中国海洋石油总公司成立，由石油工业部归口管理，全面负责我国海洋石油的对外合作业务，享有在对外合作海区进行石油勘探、开发和销售的专营权。

1983年7月，原石油工业部等部门及部份石化企业合并组建成立中国石油化工总公司，直属国务院领导，对全国重要的炼油、石油化工和化纤企业集中管理。

1988年9月，国务院撤销石油工业部、煤炭工业和电力工业部，成立能源部，在原石油工业部的基础上组建中国石油天然气总公司。在能源部内设石油总工程师办公室，负责协调中国石油天然气总公司和海洋石油总公司的开发、生产建设业务。

1992年3月，撤销能源部，中国石油天然气总公司、中国海洋石油总公司、中国石油化工总公司直接属于国务院领导。三大公司加上负责进出口业务的中国化工进出口总公司，中国石油产业"上下游分割、内外贸分治、海陆分家"的格局逐步形成。

1996年12月7日，国务院正式批复地质矿产部，同意组建新星石油有限责任公司。新星石油公司为国家投资组建的国有独资公司，主要从事国内石油天然气资源的勘查、开发和生产等经营活动。

（三）集团化重组阶段

这一阶段的特点是以区域分割垄断为前提，各个集团内部实现上下游、内外贸、产销一体化，集团之间形成互相交叉、各有优势、有序竞争的格局。

1998年3月10日，在九届全国人大一次会议审议的国务院机构改革方案中，关于石油工业体制的改革方案为：将化学工业部、石油天然气总公司、石油化工总公司的政府职能合并，组建国家石油和化学工业局，由国家经贸委管理。

1998年4月17日，国家经贸委向国务院正式上报了关于组建两个特大型石油石化集团公司有关事项的请示。请示提出了重组的基本原则为：各有侧重、互相交叉、保持优势、有序竞争。新组建的石油天然气集团公司侧重石油天然气勘探开发，同时经营石油化工业务；新组建的石油化工集团公司，侧重石油化工发展，同时经营石油天然气勘探业务，在保持各自优势的同时，建立统一、开放、竞争有序的全国石油资源、石化产品和技术服务市场，实现上下游、内外贸、产销一体化。

1998年6月26日，两大集团公司正式签署了两大公司划转企业交接协议。根据协议，将中国石油天然气总公司所属的胜利石油管理局等12家石油企业划转给中国石油化工总公司；将中国石油化工总公司所属的大庆石油化工总厂等19家石化企业划转给中国石油天然气总公司。随后，按照国家确定的区域分工，两大集团公司陆续接管了各省和计划单列的石油公司及所属的加油站。

1998年7月27日，两大集团公司在人民大会堂隆重召开了成立大会。7月28日，两大集团公司正式挂牌，我国石油工业的大重组告一段落。

（四）公司制改造阶段

1999年11月5日，中国石油天然气集团公司（简称"中油集团"）在通过了大规模的内部业务和资产重组之后，独家发起成立了中国石油天然气股份有限公司（简称"中国石油"）。中油集团向中国石油注入了与勘探和生产、炼制和营销、化工产品和天然气业务有关的大部分资产和负债。中国石油成为中国在海外资本市场上市的最大企业。

2000年2月28日，中国石油化工股份有限公司重组成立，中国石油化工集团公司为其控股母公司。2000年3月31日，中国新星石油有限公司整体并入中国石化集团公司。中国石油化工股份公司是一家拥有上游、下游和中游业务的一体化公司。该股份公司在2000年10月18日和19日在纽约、香港和伦敦成功挂牌上市，在2001年又在中国A股市场上上市，成为国内上市公司中唯一的在四地挂牌的公司。

中国海洋石油总公司是具有法人资格的国家公司，享有在对外合作海区内进行石油勘探、开发、生产和销售的专营权。其下属的中国海洋石油有限公司注册地在香港。2001年2月27日、28日，中国海洋石油有限公司在纽约和香港上市。海洋石油显然并不满足于核心资产的上市，对于存续企业，也不断进行内部重组。

2002年，海油工程和中海油服先后在国内和香港成功上市，一个强大的"中海油系"已经开始在海内外资本市场上浮出水面，海洋石油总公司的职能逐步向资本运营转变。

2003年国家发展改革委员会新成立的能源局接管石油生产的管理。

二、法律体系

（一）油气资源管理的基本法

1996年8月29日，八届人大常委会第21次会议通过修改后的矿产资源法，自1997年1月1日起实施。主要规定了矿产资源国家所有；勘查、开采矿产资源许可登记；探矿权、采矿权有偿取得；探矿权、采矿权转让；合理开发和保护矿产资源；矿山土地复垦和环境保护等。

（二）规范探矿权人勘查行为及国家行政管理行为的法规

1998年2月12日，国务院发布矿产资源勘查区块登记管理办法，对我国矿产资源勘查法律制度作出了较全面的规定。主要内容包括探矿权区块审批登记；勘查项目登记最大范围；最低勘查投入；探矿权排他和保留；探矿权使用费和价款；石油天然气勘查、开采特别规定等。

（三）规范采矿权人开采行为及国家行政管理行为的法规

1998年2月12日，国务院发布矿产资源开采登记管理办法，对我国矿产资源开采法律制度作出较全面的规定。主要内容包括采矿权审批登记；采矿权排他；采矿权使用费和价款；采矿权公告和提交年度报告等。

（四）规范矿权人权利义务的法规及规范性文件

主要有全国地质资料汇交管理办法、矿产资源登记统计管理办法、矿产资源储量评审认定办法等。

（五）规范市场交易行为的法规

主要有探矿权采矿权转让管理办法。

（六）对外合作的法规

主要有对外合作开采陆上石油资源条例、对外合作开采海上石油资源条例。

三、制度体系

（一）矿产资源勘查、开采登记管理制度

我国石油天然气勘查、开采管理采取一级登记和处罚管理制度，即由国土资源部颁发勘查、开发许可证并进行矿业权管理，对矿权人在勘查开采中的违法行为按有关规定给予行政处罚。石油天然气勘探设立滚动勘探开发制度、试采制度以及勘查申请公告制度。

（二）矿产资源储量评审监督管理制度

1.矿产资源储量评审备案制度

国土资源部、原国家计委、原国家经贸委、中国人民银行、中国证监会于1999年7月联合发布矿产资源储量评审认定办法，在原全国矿产（储委）资源委报告审批制度的基础上建立了矿产资源储量的评审认定制度，2003年5月国土资源部发出关于加强矿产资源储量评审监督管理的通知（国土资发〔2003〕136号），将评审认定

改变为评审备案，国土资源行政主管部门不再认定评审结果，只对评审机构形成的评审意见书和相关材料进行合规性审查后备案，同时对评审机构、评估师和评审工作进行监督。经评审备案的矿产资源储量报告作为采矿权发证，矿权转让、上市或公开发行股票以及登记统计等的依据。

2.矿产储量评估师资格制度

1999年3月人事部、国土资源部联合发布了《矿产储量评估师执业资格制度暂行规定》（人发〔1999〕33号），建立了矿产储量评估师制度，矿产资源储量评审须由具有资质的矿产储量评估师承担。随后，国土资源部办公厅印发了矿产储量评估师管理办法，明确了评估师的资质条件以及权利义务。

3.矿产资源储量评审机构资质制度

1998年国务院机构改革，全国及省级矿产资源委员会撤销，国土资源部及各省国土资源厅承担原全国及省矿产资源委员会及其办事机构的行政管理职能。经中编办批准成立国土资源部矿产资源储量评审中心，承担原全国矿产资源委所负责的各类矿产资源储量报告的评审工作。为做好油气储量评审工作2001年6月国土资源部印发了矿产资源储量机构资格管理暂行办法，规定了评审机构应具备的资质条件，从事评审业务的权利义务等，从而建立了矿产资源储量评审机构资质制度。各个省（区、市）依办法相继建立了事业单位、中介机构、社会团体等不同形式的评审机构，承担原省矿产资源委负责的矿产资源储量报告的评审。

（三）矿产资源储量登记统计制度

2003年12月30日国土资源部第12次部务会议通过《矿产资源登记统计管理办法》〔第23号令〕，于2004年3月1日起施行，1995年原地质矿产部颁布的矿产储量登记统计管理暂行办法同时废止。办法明确规定了矿产资源登记统计的管理分工和矿产资源登记统计范畴、程序，登记统计资源管理要建立资料档案管理制度，严格保密制度，对违规违法行为依法追究责任等。其中，石油、天然气、煤层气、放射性矿产由国土资源部负责管理。

（四）地质资料汇交管理制度

2002年3月19日国务院第349号令公布《地质资料管理条例》，2002年7月1日起施行，1998年原地质矿产部发布的全国地质资料汇交管理办法同时废止。2003年1月3日国土资源部第16号令发布《地质资源管理条例实施办法》，2003年3月1日起施行。明确国土资源部负责全国地质资料的汇交、保管和利用的监督管理，规定了地质资料汇交程序、汇交细目；地质资料馆藏机构的条件、资料利用等要求以及法律责任。有关石油、天然气、煤层气、放射性矿产的地质资料，由地质资料汇交人向国土资源部汇交，石油、天然气原始地质资料和实物地质资料，国土资源部可以委托有关的地质资料保管单位保管。

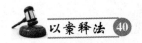

黄岛油库特大火灾案

1989年8月12日9时55分，石油天然气总公司管道局胜利输油公司黄岛油库老罐区，2.3万立方米原油储量的5号混凝土油罐爆炸起火，大火前后共燃烧104小时，烧掉原油4万多立方米，占地250亩的老罐区和生产区的设施全部烧毁，这起事故造成直接经济损失3540万元。在灭火抢险中，10辆消防车被烧毁，19人死亡，100多人受伤。其中公安消防人员牺牲14人，负伤85人。

黄岛油库特大火灾事故的直接原因：由于非金属油罐本身存在缺陷，在遭受对地雷击产生感应火花而引爆油气。人为原因：黄岛油库区储油规模过大，生产布局不合理。混凝土油罐先天不足，固有缺陷不易整改。混凝土油罐只重储油功能，大多数因陋就简，忽视消防安全和防雷避雷设计，安全系数低，极易遭雷击。消防设计不规范，设施落后，力量不足，管理工作跟不上。

事后对时任中国石油天然气总公司管道局局长吕某给予记大过处分、管道局所属胜利输油公司经理楚某给予记大过处分、管道局所属胜利输油公司安全监察科科长孙某给予警告处分。

各类油品企业及其上级部门必须认真把防雷、防爆、防火工作放在头等重要位置，要建立健全针对性强，防范措施可行，确实解决问题的规章制度。

充实和完善石油设计规范和石油天然气钻井、开发、储运防火防爆安全管理规定，严格保证工程质量，把隐患消灭在投产之前。

强化职工安全意识，克服麻痹思想，对随时可能发生的重大爆炸火灾事故，增强应变能力，制订必要的消防、抢救、疏散、撤离的安全预案，提高事故应急能力。

第二节　管道设施保护

为了保护石油、天然气管道，保障石油、天然气输送安全，维护国家能源安全和公共安全，2010年6月25日，十一届全国人大常委会十五次会议通过石油天然气管道保护法。该法共六章六十一条，分别从管道规划与建设、管道运行中的保护、管道建设工程与其他建设工程相遇关系的处理、法律责任等方面进行了规定。

一、原则

管道企业应当遵守石油天然气管道保护法和有关规划、建设、安全生产、质量监督、环境保护等法律、行政法规，执行国家技术规范的强制性要求，建立、健全本企业有关管道保护的规章制度和操作规程并组织实施，宣传管道安全与保护知识，履行管道保护义务，接受人民政府及其有关部门依法实施的监督，保障管道安全运行。

二、管理内容

境内输送石油、天然气的管道包括管道及管道附属设施。不包括城镇燃气管道和炼油、化工等企业厂区内管道。

三、管理部门

国务院能源主管部门依照石油天然气管道保护法规定主管全国管道保护工作，省、自治区、直辖市人民政府能源主管部门和设区的市级、县级人民政府指定的部门，依照石油天然气管道保护法规定主管本行政区域的管道保护工作，协调处理本行政区域管道保护的重大问题，指导、监督有关单位履行管道保护义务，依法查处危害管道安全的违法行为。

四、管道规划与建设

管道的规划、建设应当符合管道保护的要求，遵循安全、环保、节约用地和经济合理的原则。管道建设的选线应当避开地震活动断层和容易发生洪灾、地质灾害的区域，与建筑物、构筑物、铁路、公路、航道、港口、市政设施、军事设施、电缆、光缆等保持石油天然气管道保护法和有关法律、行政法规以及国家技术规范的强制性要求规定的保护距离。

管道建设项目应当依法进行环境影响评价。

依法建设的管道通过集体所有的土地或者他人取得使用权的国有土地，影响土地使用的，管道企业应当按照管道建设时土地的用途给予补偿。管道建设应当遵守法律、行政法规有关建设工程质量管理的规定。

管道的安全保护设施应当与管道主体工程同时设计、同时施工、同时投入使用。管道企业应当自管道竣工验收合格之日起六十日内，将竣工测量图报管道所在地县级以上地方人民政府主管管道保护工作的部门备案。

五、管道运行中的保护

管道企业应当建立、健全管道巡护制度，配备专门人员对管道线路进行日常巡护。管道企业应当定期对管道进行检测、维修，确保其处于良好状态；对管道安全风险较大的区段和场所应当进行重点监测，采取有效措施防止管道事故的发生。管道企业发现管道存在安全隐患，应当及时排除。管道企业依法取得使用权的土地，任何单位和个人不得侵占。管道企业对管道进行巡护、检测、维修等作业，管道沿线的有关单位、个人应当给予必要的便利。因管道巡护、检测、维修等作业给土地使用权人或者其他单位、个人造成损失的，管道企业应当依法给予赔偿。

六、禁止行为

擅自开启、关闭管道阀门；采用移动、切割、打孔、砸撬、拆卸等手段损坏管道；移动、毁损、涂改管道标志；在埋地管道上方巡查便道上行驶重型车辆；在地面管道线路、架空管道线路和管桥上行走或者放置重物。禁止在管道附属设施的上方架设电力线路、通信线路或者在储气库构造区域范围内进行工程挖掘、工程钻探、采矿。在管道线路中心线两侧各五米地域范围内，禁止种植、取土、开挖等危害管道安全的行为；禁止在管道设施区域采石、采矿、爆破等行为；管道泄漏的石油和因管道抢修排放的石油造成环境污染的，管道企业应当及时治理。因第三人的行为致使管道泄漏造成环境污染的，管道企业有权向第三人追偿治理费用。

七、管道建设工程与其他建设工程相遇关系的处理

后开工的建设工程服从先开工或者已建成的建设工程；同时开工的建设工程，后批准的建设工程服从先批准的建设工程。依管道建设工程与其他建设工程相遇的，建设工程双方应当协商确定施工作业方案并签订安全防护协议，指派专门人员现场监督、指导对方施工。

管道建设工程通过矿产资源开采区域的，管道企业应当与矿产资源开采企业协商确定管道的安全防护方案，需要矿产资源开采企业按照管道安全防护要求预建防护设施或者采取其他防护措施的，管道企业应当承担由此增加的费用。矿产资源开采企业未按照约定预建防护设施或者采取其他防护措施，造成地面塌陷、裂缝、沉降等地质灾害，致使管道需要改建、搬迁或者采取其他防护措施的，矿产资源开采企业应当承担由此增加的费用。铁路、公路等建设工程修建防洪、分流等水工防护设施，可能影响管道保护的，应当事先通知管道企业并注意保护下游已建成的管道水工防护设施。

八、法律责任

管道企业有下列行为之一的，由县级以上地方人民政府主管管道保护工作的部门责令限期改正；逾期不改正的，处二万元以上十万元以下的罚款；对直接负责的主管人员和其他直接责任人员给予处分：未依照本法规定对管道进行巡护、检测和维修的；对不符合安全使用条件的管道未及时更新、改造或者停止使用的；未依照本法规定设置、修复或者更新有关管道标志的；未依照本法规定将管道竣工测量图报人民政府主管管道保护工作的部门备案的；未制定本企业管道事故应急预案，或者未将本企业管道事故应急预案报人民政府主管管道保护工作的部门备案的；发生管道事故，未采取有效措施消除或者减轻事故危害的；未对停止运行、封存、报废

的管道采取必要的安全防护措施的。

管道企业违反石油天然气管道保护法规定的行为同时违反建设工程质量管理、安全生产、消防等其他法律的，依照其他法律的规定处罚。管道企业给他人合法权益造成损害的，依法承担民事责任。

采用移动、切割、打孔、砸撬、拆卸等手段损坏管道或者盗窃、哄抢管道输送、泄漏、排放的石油、天然气，尚不构成犯罪的，依法给予治安管理处罚。

违反相关规定，有下列行为之一的，由县级以上地方人民政府主管管道保护工作的部门责令改正；情节严重的，处二百元以上一千元以下的罚款：擅自开启、关闭管道阀门的；移动、毁损、涂改管道标志的；在埋地管道上方巡查便道上行驶重型车辆的；在地面管道线路、架空管道线路和管桥上行走或者放置重物的；阻碍依法进行的管道建设的。

违反规定，实施危害管道安全的行为，给管道企业造成损害的，依法承担民事责任。违反石油天然气管道保护法规定，构成犯罪的，依法追究刑事责任。

 以案释法 41

修路破坏天然气管道案

2010年5月22日，中午12时30分左右，某市修路，在没有出示任何防护方案的前提下，施工单位2台大型挖机便开进了距天然气主管道5米线以内。为了保障管线的安全平稳运行，交叉管线的情况出现后，天然气管理部门多次与施工单位交涉，但是施工单位拒绝合作，偷偷施工，如果不及时制止，很有可能有随时发生爆炸的危险，方圆几十米内的村庄都将被波及，几百万天然气用户将受到影响，且次生灾害将无法估量。天然气安全的管理处的负责人和同事在阻止施工方违法施工时被其雇用的不法人员打伤。

 释解

石油天然气管道保护法规定，后开工的建设工程服从先开工或者已建成的建设工程；未经先建管道企业同意，其他单位不得使用管道专用伴行道路、更不允许进行工程挖掘；进行穿跨越管道施工作业时，施工单位应当向管道所在地县级人民政府主管管道保护工作的部门提出申请，县级人民政府主管管道保护工作的部门接到申请后，应当组织施工单位与管道企业协商确定施工作业方案，并签订安全防护协议。而此次施工中，后建管线施工方并没有拿到任何施工手续。

石油天然气管道保护法施行以后，对管道的规划与建设进行了详细的规定，要

求所有管道的建设都应当符合管道保护法的要求，遵遁安全、环保等原则；对管道运行中的保护则更为详细，禁止在管线附近进行挖掘、工程钻探等危害管线运行的作业，管道线路中心两侧各五米地域范围内禁止使用工具进行挖掘施工危害管道安全的作业。而此次事件中的修路无疑违反了有关法律，相关责任人应当承担相应的法律责任。

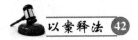

第三方责任案

2003年3月11日，下午3时许某地质队在位于 A 市特大桥地质勘测钻探时将埋于地下1.8米深、直径450毫米的输油管道钻破，造成柴油泄漏。现场指挥员立即组织人员对事发点周围500米实施警戒并对周边群众进行疏散，对泄漏出的柴油实施堵截。当地政府、公安、安监、环保等相关部门相继到达现场。现场立即成了抢险指挥部。输油管线工作人员和中国石油分公司相关人员负责抢修。事故处理后，该施工单位的主动承当赔偿责任。

上述案例是典型的第三方破坏造成的事故。石油天然气管道保护法作出了明确规定，因第三人的行为致使管道泄漏造成环境污染的管道企业有权向第三人追偿治理费用。同时规定法律石油天然气管道泄漏的石油和因管道抢修排放的石油造成环境污染的，管道企业应当及时治理。

第三节　开采陆上、海洋石油资源

开采陆上、海洋石油资源是各国能源开采的重要项目，由于石油资源的特殊性，各国在保护陆上、海洋石油资源的法律法规也不尽相同，我国现行关于陆上、海洋开采石油资源的法规政策较为详细。

一、矿产资源法中的专门条款

我国矿产资源法对石油、天然气矿产资源的勘查、开发登记管理等方面作出了明确的规定，国家对矿产勘查实行统一的区块登记管理制度。矿产资源勘查登记工作，由国务院地质矿产部门负责；特定矿种的矿产资源勘查工作，可以由国务院授权有关主管部门负责。矿产资源勘查区块登记办法由国务院制定。矿产资源法第十六条规定，开采石油、天然气、放射性矿产等特定矿种的，可以由国务院授权的有关主管部门审批，并颁发采矿许可证。

二、矿产资源法的配套法规

为了加强对矿产资源开采的管理，保护采矿权人的合法权益，维护矿产资源开采秩序，促进矿业发展，根据矿产资源法，制定了《矿产资源开采登记管理办法》。

（一）开采石油的依法申请制度

在领域及管辖的其他海域开采矿产资源，由国务院地质矿产主管部门审批登记，颁发采矿许可证。开采石油、天然气矿产的，经国务院指定的机关审查同意后，由国务院地质矿产主管部门登记，颁发采矿许可证。

采矿权申请人申请办理采矿许可证时，应当向登记管理机关提交下列资料：申请登记书和矿区范围图；采矿权申请人资质条件的证明；矿产资源开发利用方案；依法设立矿山企业的批准文件；开采矿产资源的环境影响评价报告；国务院地质矿产主管部门规定提交的其他资料。

申请开采石油、天然气的，还应当提交国务院批准设立石油公司或者同意进行石油、天然气开采的批准文件以及采矿企业法人资格证明。

登记管理机关应当自收到申请之日起四十日内，作出准予登记或者不予登记的决定，并通知采矿权申请人。不予登记的，登记管理机关应当向采矿权申请人说明理由。

申请国家出资勘查并已经探明矿产地的采矿权的，采矿权申请人除依照相关规定缴纳采矿权使用费外，还应当缴纳国家出资勘查形成的采矿权价款；采矿权价款按照国家有关规定，可以一次缴纳，也可以分期缴纳。

（二）违规开采石油惩罚

第一，任何单位和个人未领取采矿许可证擅自采矿的，擅自进入国家规划矿区和对国民经济具有重要价值的矿区范围采矿的，擅自开采国家规定实行保护性开采的特定矿种的，超越批准的矿区范围采矿的，由登记管理机关依照有关法律、行政法规的规定予以处罚。

第二，不依照相关规定提交年度报告、拒绝接受监督检查或者弄虚作假的，由县级以上人民政府负责地质矿产管理工作的部门按照国务院地质矿产主管部门规定的权限，责令停止违法行为，予以警告，可以并处五万元以下的罚款；情节严重的，由原发证机关吊销采矿许可证。

第三，破坏或者擅自移动矿区范围界桩或者地面标志的，由县级以上人民政府负责地质矿产管理工作的部门按照国务院地质矿产主管部门规定的权限，责令限期恢复；情节严重的，处三万元以下的罚款。

第四，擅自印制或者伪造、冒用采矿许可证的，由县级以上人民政府负责地质矿产管理工作的部门按照国务院地质矿产主管部门规定的权限，没收违法所得，可以并处十万元以下的罚款；构成犯罪的，依法追究刑事责任。

第五，违反相关规定，不按期缴纳本办法规定应当缴纳的费用的，由登记管理机关责令限期缴纳，并从滞纳之日起每日加收千分之二的滞纳金；逾期仍不缴纳的，由原发证机关吊销采矿许可证。

第六，违反相关规定开采石油、天然气矿产的，由国务院地质矿产主管部门按照本办法的有关规定给予行政处罚。

三、对外合作开采石油资源

对外合作开采海洋石油资源条例明确规定，国务院指定的部门依据国家确定的合作海区、面积，决定合作方式，划分合作区块；依照长期经济计划，制订同外国企业合作开采海洋石油资源的规划；制订对外合作开采海洋石油资源的业务政策和审批海上油（气）田的总体开发方案。

对外合作开采陆上石油资源条例规定，国务院授权的部门或者单位，负责在国务院批准的合作区域内，划分合作区块，确定合作方式，组织制订有关规划和政策，审批对外合作油（气）田总体开发方案。授权中国石油天然气总公司负责对外合作开采陆上石油资源的经营业务；负责与外国企业谈判、签订、执行合作开采陆上石油资源的合同；在国务院批准的对外合作开采陆上石油资源的区域内享有与外国企业合作进行石油勘探、开发、生产的专营权。

开采石油合资纠纷案

A国的布莱克先生1999年5月，与我国东北某石油公司签订了一个合作开采石油的合同。合同约定凡因本合同引起的纠纷依A国法律解决，后因布莱克违约而发生纠纷，并诉至黑龙江省某法院。布莱克称：本人19岁，按A国的法律属无行为能力人，因而原订合同无效。

《最高人民法院关于贯彻石油天然气管理若干问题的意见》规定，对涉外合同当事人的缔约能力原则上应适用当事人的本国法，但行为地法律认为有行为能力的也应认为有行为能力。关于涉外合同的法律适用民法通则规定涉外合同当事人可以选择处理合同争议所适用的法律，法律另有规定的除外。

布莱克签订合同的地点在中国，他已满19岁，虽依其本国法无行为能力，但依行为地中国的法律他具有完全行为能力。依照我国法律，中外合作勘探开发自然资源合同，不允许采用意思自治原则，必须适用中国的法律。

 以案释法 ④

非法盗窃原油案

王某等三人2007年4月以来，采取"蚂蚁搬家"的方式利用编织袋、柴油桶和塑料桶等工具从井口装油，作案25次，共计盗窃原油100余吨。2008年1月16日，3名犯罪嫌疑人利用在丰田面包车内安装储油罐的方式，在位于国家大型输油管道打孔盗油。后经公安机关侦破，被依法缉拿到案。

 释解

矿根据矿产资源法规定，盗窃、抢夺矿山企业和勘查单位的矿产品和其他财物的，破坏采矿、勘查设施的，扰乱矿区和勘查作业区的生产秩序、工作秩序的，分别依照刑法有关规定追究刑事责任；情节显著轻微的，依照治安管理处罚法有关规定予以处罚。

王某三人的行为，违反了相关规定，应当承担相应的法律责任。

第四节　海洋石油勘探开发环境保护

能源短缺已在很大程度上成为阻碍我国经济发展的重要因素，最大限度地解决能源短缺问题已成为我国当前极为迫切的问题。海洋开发的问题涉及经济、能源、外交、军事和国家安全，是一个全局性的战略问题，需要统一协调。应建立跨学科工作组，共同对海洋的开发和规划出谋划策。

一、海洋保护法

我国政府把环境问题作为基本国策之一予以高度重视，特别注意对海洋环境的保护。我国的海洋环境保护法，针对石油对海洋环境的影响，制定了防止海洋石油勘探开发对海洋环境的污染损害的相关规定，并授权国家海洋管理部门主管防止海洋石油勘探开发和海洋倾废污染的环境保护工作。

二、海洋石油勘探开发环境保护管理条例

为实施海洋环境保护法，防止海洋石油勘探开发对海洋环境的污染损害，对在管辖海域从事石油勘探开发的企业、事业单位、作业者和个人，以及他们所使用的

固定式和移动式平台及其他有关设施进行规范，国务院于1983年12月29日颁布海洋石油勘探开发环境保护管理条例。

（一）主管部门

我国海洋石油勘探开发环境保护管理的主管部门是国家海洋局及其派出机构。

（二）从事海洋石油勘探开发与环境保护的条件

一是企业或作业者在编制油（气）田总体开发方案的同时，必须编制海洋环境影响报告书，报城乡建设环境保护部会同国家海洋局石油工业部，按照国家基本建设项目环境保护管理的规定组织审批。

二是企业、事业单位、作业者应具备防治油污染事故的应急能力，制定应急计划，配备与其所从事的海洋石油勘探开发规模相适应的油回收设施和围油、消油器材。

三是固定式和移动式平台的防污设备应达到国家排放标准的要求，防污设备达不到规定要求的，应采取有效措施，防止污染，并在三年内使防污设备达到规定的要求。

（三）具体要求

一是固定式和移动式平台的含油污水，不得直接或衡释排放。经过处理后排放的污水，含油量必须符合国家有关含油污水排放标准。

二是残油、废油、油基泥浆、含油垃圾和其他有毒残液残渣，必须回收，不得排放或弃置入海。

三是大量式业垃圾的弃置，按照海洋倾废的规定管理；零星工业垃圾，不得投弃于渔业水域和航道。

四是生活垃圾，需要在距最近陆地12海里以内投弃的，应经粉碎处理，粒径应小于25毫米。

五是海洋石油勘探开发需要在重要渔业水域进行炸药爆破或其他对渔业资源有损害的作业时，应采取有效措施，避开主要经济鱼虾类的产卵、繁殖和捕捞季节，作业前报告主管部门，作业时并应有明显的标志、信号。

六是海上储油设施、输油管线应符合防渗、防漏、防腐蚀的要求，并应经常检查，保持良好状态，防止发生漏油事故。企业、事业单位及作业者在作业中发生溢油、漏油告示污染事故，应迅速采取围油、回收油的措施，控制、减轻和消除污染。发生大量溢油、漏油和井喷等重大油污染事故，应立即报告主管部门，并采取有效措施，控制和消除油污染，接受主管部门的调查处理。

七是必须使用经主管部门核准的化学消油剂。化学消油剂情况详细报告主管部门。

（四）法律责任

主管部门对违反海洋环境保护法和海洋石油勘探开发环境保护管理条例规定，

企业、事业单位、作业者和个人，可视其情节轻重，予以警告或罚款处分。

第一，对造成海洋环境污染的企业、事业单位、作业者的罚款，最高额为人民币十万元。

第二，对企业、事业单位、作业者的下列违法行为，罚款最高额为人民币五千元。

第三，对企业、事业单位、作业者不按规定配备防污记录簿；防污记录簿的记载非正规化或者伪造；不按规定报告或通知有关情况；阻挠公务人员或指派人员执行公务的下列违法行为；对有直接责任的个人，可根据情节轻重，酌情处以罚款罚款最高额为人民币一千元。

第四，当事人对主管部门的处罚决定不服的，按海洋环境保护法第四十一条的规定处理。

以案释法 45

蓬莱19—3油田溢油事故

2011年6月4日19时许，国家海洋局北海分局接到蓬莱19—3油田作业者—康菲公司电话报告，在该油田B平台东北方向海面发现少量不明来源油膜。北海分局立即要求康菲公司快速处置并开展自查，同时启动溢油情况应急监测。6月12日油脂鉴定结果显示，溢油来自蓬莱19—3油田，北海分局随即启动应急响应。康菲公司对B平台采取关闭注水井、实施回流泄压等措施，6月19日基本控制溢油。

6月17日11时，中国海监22船在蓬莱19—3油田进行应急巡视时，发现C平台及其附近海域有大量溢油，经核实确认蓬莱19—3油田C平台C20井发生井涌事故，导致原油和油基泥浆溢出入海。当日，国家海洋局紧急约见康菲公司及其合作方中海油主要负责人，要求康菲公司采取一切有效措施，尽快控制溢油源，抓紧回收海面溢油。康菲公司紧急对C20井实施水泥封井，同时组织大量应急处置人员和设备全面实施溢油回收清理，6月21日基本控制溢油。至6月22日，除B、C平台附近海域外，其他海域海面漂油基本得到清理。

溢油事故发生后，党中央、国务院高度重视，成立了由国家海洋局牵头，国土资源部、环境保护部、交通运输部、农业部、安监总局、能源局参加的蓬莱19—3油田溢油事故联合调查组，主要负责彻底查明溢油污染事故发生的原因、性质、责任以及污染损害等情况。

按照相关法律和职责，国家海洋局所属中国海监北海总队于6月14日对溢油事故涉嫌行政违法的行为进行立案，随即开展调查取证工作。2011年9月1日国家海洋局对康菲公司作出罚款20万元的行政处罚。

释解

事故直接原因：6月2日 B23井出现注水量明显上升和注水压力明显下降的异常情况时，康菲公司没有及时采取停止注水并查找原因等措施，而是继续维持压力注水，导致一些注水油层产生高压、断层开裂，沿断层形成向上窜流，直至海底溢油。

事故间接原因：关于 B 平台附近溢油，一是违反总体开发方案，B23井长期笼统注水，未实施分层注水；二是注水井井口压力监控系统制度不完善，管理不到位，没有制定安全的注水井口压力上限；三是对油田存在的多条断层没有进行稳定性测压试验，未开展该断层承压开裂极限数值分析标定。

事故性质：经联合调查组调查认定，康菲公司在作业过程中违反了油田总体开发方案，在制度和管理上存在缺失，对应当预见到的风险没有采取必要的防范措施，最终导致溢油。

该事件违反了海洋石油勘探开发管理条例的有关规定，海上储油设施、输油管线应符合防渗、防漏、防腐蚀的要求，并应经常检查，保持良好状态，防止发生漏油事故。企业、事业单位及作业者在作业中发生溢油、漏油告示污染事故，应迅速采取围油、回收油的措施，控制、减轻和消除污染。发生大量溢油、漏油和井喷等重大油污染事故，应立即报告主管部门，并采取有效措施，控制和消除油污染，接受主管部门的调查处理。

根据海洋环境保护法的规定，进行海洋石油勘探开发活动，造成海洋环境污染的，由国家海洋行政主管部门予以警告，并处二万元以上二十万元以下的罚款。国家海洋局对康菲公司作出罚款20万元的行政处罚合情合法。

第十章

核电资源管理

世界上一切物质都是由原子构成的，原子又是由原子核和它周围的电子构成的。轻原子核的融合和重原子核的分裂都能输出能量，分别称为核聚变能和核裂变能，简称核能。核能有别于传统的能源，为了加强对核电能源的管理，我国随着经济建设的进程，加快了对核电能源管理的立法。本章将从核电概况、核材料管制、核事故应急处理、核设施安全管理等方面对核电资源管理进行法律法规解读。

第一节　概述

在世界范围内，各国的核电法规标准体系均由核电标准与法规、一般工业标准和企业标准共同构成一个紧密关联、完整、高效的核电法规标准体系。具有明确的层次结构，顶层是国家立法机关制定的法律；第二层是政府制定的法规；第三层是工业界制定的行业或国家标准，包括：上层的核电"总体技术规范"、下层的核电"专业标准"及核电相关的"一般工业标准"；第四层是企业制定的核电企业标准。通常所述的核电标准特指第三层中的核电总体技术规范和专业标准，不包括核电适用的一般工业标准。在行业或国家层面，针对核电相关的各个对象在技术方面经过协商一致所形成的核电标准，属推荐性标准。其中与安全相关的核电标准的应用需要经过国家核安全监管当局的评估和认可。核电标准中的"总体技术规范"是以核电相关工作为对象，连系法规和"专业标准"，全面阐述相关事宜及总体技术要求，具有承上启下的作用。核电"专业标准"针对核电有关领域阐述详细要求，属局部和细节性的标准。核电企业标准是企业在行业或国家标准的指导和规范下，根据自身技术和产品的特点，阐述企业内控的技术要求。核电标准体系一般按专业技术领域或核电工作阶段进行划分，各国均围绕核电安全设计、设备设计建造、核电安全运行，重点针对核电的核特性制定专门的标准，并尽可能地采用一般工业标准。

一、我国的核电资源管理法律体系

一是由全国人大或人大常委会发布的，具有最高国家法律效力的法律。具体有：宪法、环境保护法、放射性污染防治法。

二是民用核安全设施安全监督管理条例，主要包括民用核安全设备监督管理条例、放射性物品运输安全管理条例。

三是我国的核电资源管理体系部门规章，主要是根据核安全管理需要制定办法、规章，是规定核安全目标和基本安全要求的规章。

四是我国的核电资源管理体系指导性文件，主要包括说明或补充核安全规定以及推荐有关方法和程序的文件。

五是核安全法规技术文件。

二、放射性污染防治法的内容

放射性污染防治法由十届全国人大常委会三次会议于2003年6月28日通过，自2003年10月1日起施行。它是目前较为全面具体的核电管理资源管理法律，该法共八章六十三条。

（一）制定目的

国家为了防治放射性污染，保护环境，保障人体健康，促进核能、核技术的开发与和平利用，制定放射性污染法。

（二）适用范围

放射性污染防治法适用于中华人民共和国领域和管辖的其他海域在核设施选址、建造、运行、退役和核技术、铀（钍）矿、伴生放射性矿开发利用过程中发生的放射性污染的防治活动。

（三）防治方针

国家对放射性污染的防治，实行预防为主、防治结合、严格管理、安全第一的方针。

（四）主要内容

放射性污染防治法从放射性污染防治的监督管理、核设施的放射性污染防治、国家建立健全核事故应急制度、核技术利用的放射性污染防治、铀（钍）矿和伴生放射性矿开发利用的放射性污染防治、放射性废物管理方面进行了详细规定。

（五）法律责任

1.行政责任与刑事责任

（1）放射性污染防治监督管理人员违反法律规定，利用职务上的便利收受他人财物、谋取其他利益，或者玩忽职守，有对不符合法定条件的单位颁发许可证和办理批准文件的，不依法履行监督管理职责的，发现违法行为不予查处的行为之一的，依法给予行政处分，构成犯罪的，依法追究刑事责任。

（2）违反放射性污染防治法的规定，不按照规定报告有关环境监测结果的，拒绝环境保护行政主管部门和其他有关部门进行现场检查，或者被检查时不如实反映情况和提供必要资料的，由县级以上人民政府环境保护行政主管部门或者其他有关部门依据职权责令限期改正，可以处二万元以下罚款。

（3）违反放射性污染防治法的规定，未编制环境影响评价文件，或者环境影响评价文件未经环境保护行政主管部门批准，擅自进行建造、运行、生产和使用等活动的，由审批环境影响评价文件的环境保护行政主管部门责令停止违法行为，限期补办手续或者恢复原状，并处一万元以上二十万元以下罚款。

（4）违反放射性污染防治法的规定，未建造放射性污染防治设施、放射防护设施，或者防治防护设施未经验收合格，主体工程即投入生产或者使用的，由审批环境影响评价文件的环境保护行政主管部门责令停止违法行为，限期改正，并处五万元以上二十万元以下罚款。

（5）违反放射性污染防治法的规定，未经许可或者批准，核设施营运单位擅自进行核设施的建造、装料、运行、退役等活动的，由国务院环境保护行政主管部门责令停止违法行为，限期改正，并处二十万元以上五十万元以下罚款；构成犯罪的，依法追究刑事责任。

（6）违反放射性污染防治法的规定，生产、销售、使用、转让、进口、贮存放射性同位素和射线装置以及装备有放射性同位素的仪表的，由县级以上人民政府环境保护行政主管部门或者其他有关部门依据职权责令停止违法行为，限期改正；逾期不改正的，责令停产停业或者吊销许可证；有违法所得的，没收违法所得；违法所得十万元以上的，并处违法所得一倍以上五倍以下罚款；没有违法所得或者违法所得不足十万元的，并处一万元以上十万元以下罚款；构成犯罪的，依法追究刑事责任。

（7）违反放射性污染防治法的规定，未建造尾矿库或者不按照放射性污染防治的要求建造尾矿库，贮存、处置铀（钍）矿和伴生放射性矿的尾矿的，向环境排放不得排放的放射性废气、废液的，不按照规定的方式排放放射性废液，利用渗井、渗坑、天然裂隙、溶洞或者国家禁止的其他方式排放放射性废液的，不按照规定处理或者贮存不得向环境排放的放射性废液的，将放射性固体废物提供或者委托给无许可证的单位贮存和处置的，由县级以上人民政府环境保护行政主管部门责令停止违法行为，限期改正，处以罚款；构成犯罪的，依法追究刑事责任。

（8）违反放射性污染防治法的规定，不按照规定设置放射性标识、标志、中文警示说明的，不按照规定建立健全安全保卫制度和制定事故应急计划或者应急措施的，不按照规定报告放射源丢失、被盗情况或者放射性污染事故的，由县级以上人民政府环境保护行政主管部门或者其他有关部门依据职权责令限期改正；逾期不改正的，责令停产停业，并处二万元以上十万元以下罚款；构成犯罪的，依法追究刑事责任。

（9）违反放射性污染防治法的规定，未经许可，擅自从事贮存和处置放射性固体废物活动的，不按照许可的有关规定从事贮存和处置放射性固体废物活动的，由省级以上人民政府环境保护行政主管部门责令停产停业或者吊销许可证；有违法所得的，没收违法所得；违法所得十万元以上的，并处违法所得一倍以上五倍以下罚款；没有违法所得或者违法所得不足十万元的，并处五万元以上十万元以下罚款；构成犯罪的，依法追究刑事责任。

（10）向境内输入放射性废物和被放射性污染的物品，或者经境内转移放射性废物和被放射性污染的物品的，由海关责令退运该放射性废物和被放射性污染的物品，并处五十万元以上一百万元以下罚款；构成犯罪的，依法追究刑事责任。

2.民事责任

因放射性污染造成他人损害的，应当依法承担民事责任。

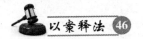 **以案释法 46**

硝酸铀酰复合烧伤致体内铀污染超剂量案

某厂硝酸铀酰溶解工段，一名新工人在将铀元件废料由投料口向硝酸溶解槽下料时，硝酸浓度为2个当量，由于下料操作失控，致使大量铀元件废料落入硝酸溶解槽，因为下料过猛，反应过快，造成硝酸铀酰溶液和氧化铀混合液突然喷出，致使在旁边值班的工人甲被高温硝酸铀酰溶液和氧化铀混合液烧伤，烧伤面积达71%，大量铀氧化合物经过伤口进入体内，造成这名工人急性铀中毒和剂量严重超标。初始体内铀负荷量达93—186mg(1.5—3.0mg/kg体重)，甲受伤后24小时内尿铀排出量在24mg/L以上，造成肾功能严重衰竭。后被技术鉴定部门鉴定为一起严重的油污然事故。

 释解

放射性污染防治法规定，因放射性污染造成他人损害的，应当依法承担民事责任。本案中某厂新工人在下料的过程中的不正确操作，致使铀燃料溢出，属于操作不当或者未按安全造作规程操作，符合放射性污染防治法中因放射性污染造成他人伤害的法律规定。

核材料管制条例明文规定，不按照规定管理，造成事故的，国家核安全局可依其情节轻重，给予警告、限期改进、罚款和吊销许可证的处罚，但吊销许可证的处罚需经核工业部同意。本案中应对有关责任人员进行处罚。

以案释法 47

Ra源破裂后造成的大面积污染案

某研究院工作人员在既没有通知安防部门，也没有采取任何防护措施的情况下，徒手将长期私自存放在其办公室的若干个放射源包装打开，并将其中的3个226Ra源转移到铅罐内。3日后，安防部门在进行巡查时发现，当事人办公室的地面、室内用品和用具、门口走廊地面及当事人和其他在场人员均受到不同程度的 Ra 放射性污染。同时由于室内人员的走动，污染已被扩散到了其他房间。

事件发生后相关部门封闭了该工作人员办公室及其走廊，以防止污染扩大，将放射源密封后转移到安全地方贮存，以切断污染源。事发后成立了事故处理小组，负责污染测量、去污等事宜。

释解

根据放射性污染防治法规定，不按照规定处理或者贮存不得向环境排放的放射性废液的，由县级以上人民政府环境保护行政主管部门责令停止违法行为，限期改正，处以罚款；构成犯罪的，依法追究刑事责任。

本案中某研究人员，没通知任何安全部门，没采取任何防护措施，造成有害物质的泄露及污染，符合不按照规定处理或者贮存的法律禁止性规定，应当追究当事人法律责任。

第二节　核材料管制

核材料管制是为保证核材料的安全与合法利用，防止被盗、破坏、丢失、非法转让和非法使用，保护国家和人民群众的安全，促进核能事业的发展而实施的制度。核材料是战略物资，各国都实行严格的管理和控制。我国实施核材料管制的法律依据是核材料管制条例及其实施细则。一切持有、使用、生产、储存、运输和处置规定的核材料的部门和单位必须遵守核材料管制条例。

一、核材料的范围

源材料（不包括钍）、特种可裂变材料、氚、锂—6及含上述物质的材料和制品都称为核材料。

二、核材料管制的目的

核材料管制是为了确保核材料的安全与合法利用，防止被盗、破坏、丢失、非法转让和非法使用；保护国家和人民群众的安全，促进核能事业的发展；防范有预谋的核走私和极端恐怖组织的袭击以及恐怖分子利用核材料进行恐怖活动。

三、核材料管制基本要求

一是保证符合国家利益及法律的规定；二是保证国家和人民群众的安全；三是保证国家对核材料的控制，在必要时国家可以征收所有核材料。

四、核材料管理条例解读

（一）核材料管制办公室的职责

能源部委托中国核工业总公司负责全国核材料的管制，下设核材料管制办公室，具体负责核材料管制工作。

（二）核材料许可证持有单位的责任

核材料许可证持有单位法人代表对所持有的核材料负有全面安全责任。制定本单位核材料衡算管理和实物保护的规章制度并负责实施；按"办公室"的规定，上报核材料的转让、定期盘存和账务衡算报告；对核材料账务衡算管理人员和实物保护人员进行业务培训及考核。

核材料许可证持有单位在核材料发生被盗、破坏、丢失、非法转让和非法使用事件时，必须迅速采取措施，并立即报告当地公安部门、"办公室"以及上级领导部门，并写出事故报告。

（三）核材料许可证的申请、审查和颁发

申请核材料许可证的单位必须提前六个月提交核材料许可证申请报告。

申请核材料许可证必须提交的文件：核材料许可证申请报告；核材料账目与衡算管理实施计划；核材料实物保护与保密实施计划；其他必要的支持性文件。

"办公室"接受许可证申请文件后，提出审查意见，经国家核安全局或国防科工委核准后，办理许可证发放手续。

（四）核材料账务管理

凡属条例第二条所列管理范围内的核材料都要列入本账务系统；铀矿石及其初级产品（即核纯铀化合物之前的产品）、已移交给军队的核制品以及免于登记的核材料不属于本账务系统。

（五）核材料衡算

许可证持有单位，根据各自的特点，把核设施划分成材料平衡区，按核材料分

类进行衡算，每个平衡区要有完整的账目，实行独立的材料衡算。许可证持有单位应建立核材料的实物盘存制度。许可证持有单位应建立原始记录与报告制度。

（六）核材料实物保护

持有核材料的单位必须有保护核材料的措施，建立安全防范系统。根据核材料的质量、数量及危害性程度，划分为三个保护等级，实行分级管理。保护等级以下的核材料也应严格管理。

以案释法 48

某核电厂硼稀释案

某核电厂在对主系统升压补水的过程中，操纵员误将换料水箱中2100ppm的硼水当作硼酸制备系统7000ppm的硼水与清水混合，补入了主系统。后从硼浓度表指示数值发现有问题，及时停止了补水过程。事件没有造成严重后果。

事发后调查发现，由于核电厂过于关心进度，在大量系统尚未完成调试的情况下急忙装料，导致许多系统尚未移交主控制室。由于系统调试工作分散，使主控制室人员对核电厂整体状态、特别是系统状态缺乏了解和控制，因而并不知道系统状态已经改变，补水用的硼酸补给泵已从硼酸制备系统切换到换料水箱，而从事补水操作的操纵员并不知道。

释解

这是一起核电厂反应堆运行的安全事件。一方面没有真正树立"安全第一"的思想，生产进度的安排忽略了安全的要求，在大量系统尚未完成调试的情况下急忙装料，导致许多系统尚未移交主控制室。同时，由于系统调试工作分散，使主控制室人员对核、电厂整体状态、特别是系统状态缺乏了解和控制，并不知道系统状态已经改变。另一方面操纵员没有特别关注防止硼稀释事件的问题，没有进行有关的检查与观测，出现了操作失误。

以案释法 49

废旧过滤器运输放射性物质泄漏污染案

某乏燃料后处理厂每年都要定期更换1AF料液过滤器。由于此设备中有积沉的混合裂变产物料液，故采用专用检修容器，用专车拉到指定的废物库，卸到专用井内贮存。在更换过滤器时，由于吊车震动，漏下许多废液，因容器尚未离开过滤器坑，漏下的废液流入坑内。约十几秒后，滴漏停止，因而操作人员误认为废液已漏完，于是将专用检修容器的底盖合上后装上废物车运往废物库。在行进途中发现废液从容器底部缝隙漏出，事件导致汽车、专用检修容器和路面严重污染，负责投放过滤器的两名工作人员也受到不同程度的感染。

 释解

从运输设备角度看，在1AF料液过滤器运输过程中应充分考虑专用检修容器的密封问题。本案中，某乏烯料后处理厂使用底盖不密封的专用检修容器，从硬件上没有起到防止事故发生或降低事故影响的作用，因而所用设备不符合放射性物质运输操作要求。从操作人员角度看，在吊装时漏下许多废液，但工作人员错误地认为废液已经漏完，以致造成污染，反映出工作人员安全意识不够强。

本案中某乏燃料后处理厂造成的放射性物质泄漏事件违反了放射性污染防治法的有关规定，违反了核材料管制条例实施细则中关于核材料管理的有关规定，应根据造成后果，进行相应处理。

第三节　核事故应急处理

核设施、核材料的运行和使用具有高风险，因此必须有防患于未然的思想，建立一套完善的事故应急体系。应急体系包括应急组织机构的成立、应急预案的制定、应急培训和演习、应急救援行动的响应、现场污染控制和清洁、应急终止和善后处理等内容。同时也需要有关部门的法律法规的保障与支持，并将这样的一套体系尽快建立起来并付诸实施。

一、核应急行为

核应急行为是为了控制核事故、缓解核事故、减轻核事故后果而采取的不同于正常秩序和正常工作程序的紧急行为，是政府主导、企业配合、各方协同、统一开展的应急行动。核应急事关重大、涉及全局，对于保护公众、保护环境、保障社会稳定、维护国家安全具有重要意义。

二、核应急方针政策

我国是发展中大国，在发展核能进程中，通过制定法律、行政法规和发布政令等方式，确定核应急基本方针政策。

我国核应急基本目标是：依法科学统一、及时有效应对、处置核事故，最大程度地控制、缓解或消除事故影响，减轻事故造成的人员伤亡和财产损失、保护公众、保护环境、维护社会秩序、保障人民安全和国家安全。

我国的核应急基本方针是：常备不懈、积极兼容，统一指挥、大力协同，保护公众、保护环境。

三、核应急"一案三制"建设

我国高度重视核应急工作，始终以对人民安全和社会安全高度负责的态度强化核应急管理。早在作出发展核电决策之时就同步部署安排核应急工作。切尔诺贝利核事故发生后，我国明确表示发展核电方针不变，强调必须做好核应急准备，1986年即开展国家核应急工作。1991年，成立国家核事故应急委员会，统筹协调全国核事故应急准备和救援工作。1993年，发布核电厂核事故应急管理条例，对核应急作出基本规范。1997年，发布第一部国家核应急计划（预案），对核应急准备与响应作出部署。之后，为适应核能发展需要，多次进行修订形成国家核应急预案。目前，我国核应急管理与准备工作的体系化、专业化、规范化、科学化水平全面提升。

我国高度重视核应急的预案和法制、体制、机制（简称"一案三制"）建设，通过法律制度保障、体制机制保障，建立健全国家核应急组织管理体系。

四、核电厂核事故应急管理条例法律解读

1993年8月4日，国务院发布核电厂核事故应急管理条例，2011年1月8日修订。全条例共七章四十二条。分别从应急机构及其职责、应急准备、应急对策和应急防护措施、资金和物资保障和奖励与处罚等方面进行规定。

（一）条例制定目的

为了加强核电厂核事故应急管理工作，控制和减少核事故危害。

（二）应急机构及其职责

全国的核事故应急管理工作由国务院指定的部门负责，其主要职责是：拟定国家核事故应急工作政策；统一协调国务院有关部门、军队和地方人民政府的核事故应急工作；组织制定和实施国家核事故应急计划，审查批准场外核事故应急计划；适时批准进入和终止场外应急状态；提出实施核事故应急响应行动的建议；审查批准核事故公报、国际通报，提出请求国际援助的方案。核电厂所在地的省、自治区、直辖市人民政府指定的部门负责本行政区域内的核事故应急管理工作。

（三）应急准备

核事故应急计划包括场内核事故应急计划、场外核事故应急计划和国家核事故应急计划。各级核事故应急计划应当相互衔接、协调一致。场内核事故应急计划由核电厂核事故应急机构制定，经其主管部门审查后，送国务院核安全部门审评并报国务院指定的部门备案。

场内核事故应急计划、场外核事故应急计划应当包括下列内容：核事故应急工

作的基本任务；核事故应急响应组织及其职责；烟羽应急计划区和食入应急计划区的范围；干预水平和导出干预水平；核事故应急准备和应急响应的详细方案；应急设施、设备、器材和其他物资；核电厂核事故应急机构同省级人民政府指定的部门之间以及同其他有关方面相互配合、支援的事项及措施。

核电厂应当对职工进行核安全、辐射防护和核事故应急知识的专门教育。核电厂的核事故应急机构和省级人民政府指定的部门应当对核事故应急工作人员进行培训。核电厂的核事故应急机构和省级人民政府指定的部门应当适时组织不同专业和不同规模的核事故应急演习。

（四）应急对策和应急防护措施

核事故应急状态分为下列四级：应急待命、厂房应急、场区应急、场外应急。

省级人民政府指定的部门应当适时选用隐蔽、服用稳定性碘制剂、控制通道、控制食物和水源、撤离、迁移、对受影响的区域去污等应急防护措施。

因核事故应急响应需要，可以实行地区封锁。省、自治区、直辖市行政区域内的地区封锁，由省、自治区、直辖市人民政府决定；跨省、自治区、直辖市的地区封锁，以及导致中断干线交通或者封锁国境的地区封锁，由国务院决定。

（五）应急状态的终止

场外应急状态的终止由省级人民政府指定的部门会同核电厂核事故应急机构提出建议，报国务院指定的部门批准，由省级人民政府指定的部门发布。

核事故应急状态终止后，核电厂核事故应急机构应当向国务院指定的部门、核电厂的上级主管部门、国务院核安全部门和省级人民政府指定的部门提交详细的事故报告；省级人民政府指定的部门应当向国务院指定的部门提交场外核事故应急工作的总结报告。

（六）资金和物资保障

场内核事故应急准备资金由核电厂承担，列入核电厂工程项目投资概算和运行成本。

场外核事故应急准备资金由核电厂和地方人民政府共同承担，资金数额由国务院指定的部门会同有关部门审定。核电厂承担的资金，在投产前根据核电厂容量、在投产后根据实际发电量确定一定的比例交纳，由国务院计划部门综合平衡后用于地方场外核事故应急准备工作；其余部分由地方人民政府解决。

国家的和地方的物资供应部门及其他有关部门应当保证供给核事故应急所需的设备、器材和其他物资。

因核电厂核事故应急响应需要，执行核事故应急响应行动的行政机关有权征用非用于核事故应急响应的设备、器材和其他物资。对征用的设备、器材和其他物资，应当予以登记并在使用后及时归还；造成损坏的，由征用单位补偿。

（七）处罚

应受处罚的行为包括：不按照规定制定核事故应急计划，拒绝承担核事故应急准备义务的；玩忽职守，引起核事故发生的；不按照规定报告、通报核事故真实情况的；拒不执行核事故应急计划，不服从命令和指挥，或者在核事故应急响应时临阵脱逃的；盗窃、挪用、贪污核事故应急工作所用资金或者物资的；散布谣言，扰乱社会秩序的；阻碍核事故应急工作人员依法执行职务或者进行破坏活动的；有其他对核事故应急工作造成危害的行为的。存在上述行为的，应对有关责任人员视情节和危害后果，由其所在单位或者上级机关给予行政处分；属于违反治安管理行为的，由公安机关依照治安管理处罚法的规定予以处罚；构成犯罪的，由司法机关依法追究刑事责任。

以案释法 50

没有应急预案的案例

2009年6月7日凌晨2时，某厂辐照室发生辣椒粉等货物意外倒塌，压住放射源保护罩，使其倾斜，放射源与钢丝绳脱钩，不能正常回到贮源井内的故障。由于辐照室内的钴—60放射源活度高达14余万居里，辐照剂量高，危险性大，人不能直接进入辐照室工作。但该厂没有相应的应急预案，这就给处理工作带来了一定难度。

故障发生后，该厂按照规定，向监管部门进行了报告。环保部和该厂所属省环保厅接报后，由省环保厅领导带队在当日上午9点多赶到现场，经调查监测后认定：放射源处于受控状态，没有对环境造成污染，不属于辐射事故。定性为一起影响安全的运行事件，是生产过程中的卡源故障。

释解

放射性污染防治法、核电厂核事故应急管理条例、突发事件应对法等法律法规都对放射性突发事件的应急预案制定作了相应的规定，该厂缺乏安全意识，没有制定相应的应急预案，给事故的处理带来诸多不便。

本案根据事故实际情况，应依据相关法律规定，对责任人追究相应的法律责任。

以案释法 51

核事故警醒案

美国三里岛压水堆核电厂二号堆于1979年3月28日发生的堆芯失水而熔化和放射

性物质外逸的重大事故。这次事故是由于二回路的水泵发生故障后，二回路的事故冷却系统自动投入，但因前些天工人检修后未将事故冷却系统的阀门打开，致使这一系统自动投入后，二回路的水仍断流。当堆内温度和压力在此情况下升高后，反应堆就自动停堆，卸压阀也自动打开，放出堆芯内的部分汽水混合物。同时，当反应堆内压力下降至正常时，卸压阀由于故障未能自动回座，使堆芯冷却剂继续外流，压力降至正常值以下，于是应急堆芯冷却系统自动投入，但操作人员未判明卸压阀没有回座，反而关闭了应急堆芯冷却系统，停止了向堆芯内注水。这一系列的管理和操作上的失误与设备上的故障交织在一起，使一次小的故障急剧扩大，造成堆芯熔化的严重事故。

开展核电事故应急对策研究主要收集三方面的资料：国外核电站事故及应急处理措施相关报告；构建严谨完善的物理模型与数学模型，在假想核电站事故情景下进行水资源影响模拟结果报告；滨海及内陆核电项目水资源专题论证报告及其专家审查材料。掌握国外核电站事故的类型、起因、过程、影响及保障水安全采取的措施，分析核电站事故条件下对水资源的影响。

上述案例对我国核事故的预防具有一定的警醒作用。

第四节　核设施安全管理

我国从核工业发展之始，就十分重视核安全，1984年国务院决定成立国家核安全局，对民用核设施的核安全进行独立监管，建立了核安全监督体系，并确定了政府有关部门和营运单位的职责。

我国核安全法律法规体系和我国的法律法规体系是相应的，分为国家法律、行政法规和部门规章。截至2014年4月，共有法律1部，行政法规7项，部门规章27项，导则89项，共计124项法律法规。

一、国家法律

国家法律是法律法规的最高层次，具有最高国家法律效力。核能开发和核技术应用及核与辐射安全问题的最高法律是原子能法和核安全法，目前正在制定中。2013年9月十二届全国人大将核安全法列为二类立法项目，已形成了核安全法（草案）并报人大环资委。当前有关核安全、电离辐射安全和环境保护的唯一法律是放射性污染防治法，是由十届全国人大常委会通过，并由国家主席在2003年6月以第六号主席令的形式颁布的。

二、行政法规

行政法规是法律法规体系的第二层次，是由国务院批准，以国务院令发布的。现有的核安全方面的行政法规包括民用核设施安全监督管理条例、核电厂核事故应急管理条例、核材料管制条例、民用核安全设备监督管理条例、放射性同位素与射线装置安全和防护条例、放射性物品运输安全管理条例、放射性废物安全管理条例等。

三、部门规章

部门规章是法律法规的第三层次，由国务院的各行政管理部门批准和发布，具体到核与辐射安全相关的部门规章，则是由环保部（国家核安全局）批准和发布。实施细则是根据核安全管理条例规定具体的办法规章，核安全规定是规定核安全目标和基本安全要求的规章。

四、与部门规章对应的支持性法规文件

这些文件包括在核与辐射安全领域的核安全导则和核安全法规技术文件等。核安全导则是说明或补充核安全规定以及推荐有关方法和程序的文件；核安全法规技术文件是核电厂技术领域中的参考性文件，如核动力厂设计安全规定、核电厂质量保证安全规定、核电厂质量保证大纲的安全规定、民用核承压设备无损检验人员培训、考核和取证管理办法等。

五、民用核设施安全监督管理条例法律解读

（一）制定目的

制定民用核设施安全监禁管理条例是为了在民用核设施的建造和营运中保证安全，保障工作人员和群众的健康，保护环境，促进核能事业的顺利发展。

（二）运用范围

制定民用核设施安全监禁管理条例主要适用于监督管理以下核设施的安全：核动力厂（核电厂、核热电厂、核供汽供热厂等）；核动力厂以外的其他反应堆（研究堆、实验堆、临界装置等）；核燃料生产、加工、贮存及后处理设施；放射性废物的处理和处置设施；其他需要严格监督管理的核设施。

（三）监督管理方针

民用核设施的选址、设计、建造、运行和退役必须贯彻安全第一的方针；必须有足够的措施保证质量，保证安全运行，预防核事故，限制可能产生的有害影响；必须保障工作人员、群众和环境不致遭到超过国家规定限值的辐射照射和污染，并将辐射照射和污染减至可以合理达到的尽量低的水平。

（四）监督管理职责

国家核安全局对全国核设施安全实施统一监督，独立行使核安全监督权，其主

要职责有七项具体细化规定。国家核安全局在核设施集中的地区可以设立派出机构，实施安全监督。

国家核安全局可以组织核安全专家委员会。该委员会协助制订核安全法规和核安全技术发展规划，参与核安全的审评、监督等工作。核设施营运单位直接负责所营运的核设施的安全。

（五）安全许可制度

国家实行核设施安全许可制度，由国家核安全局负责制定和批准颁发核设施安全许可证，核设施的运行必须遵守核设施运行许可证所规定的条件。批准发给核设施建造许可证和核设施运行许可证有四方面的具体条件限定。核设施操纵员执照分操纵员执照和高级操纵员执照两种。

（六）核安全监督

国家核安全局及其派出机构可向核设施制造、建造和运行现场派驻监督组（员）执行核安全监督任务，国家核安全局在必要时有权采取强制性措施，命令核设施营运单位采取安全措施或停止危及安全的活动。核设施营运单位有权拒绝有害于安全的任何要求，但对国家核安全局的强制性措施必须执行。

（七）处罚

根据民用核设施安全监督管理条例的规定，凡违反规定，有下列行为之一的，国家核安全局可依其情节轻重，给予警告、限期改进、停工或者停业整顿、吊销核安全许可证件的处罚：未经批准或违章从事核设施建造、运行、迁移、转让和退役的；谎报有关资料或事实、或无故拒绝监督的；无执照操纵或违章操纵的；拒绝执行强制性命令的。

当事人对行政处罚不服的，可在接到处罚通知之日起十五日内向人民法院起诉。但是，对吊销核安全许可证件的决定应当立即执行。对处罚决定不履行逾期又不起诉的，由国家核安全局申请人民法院强制执行。

对于不服管理、违反规章制度，或者强令他人违章冒险作业，因而发生核事故，造成严重后果，构成犯罪的，由司法机关依法追究刑事责任。

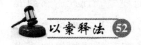 以案释法 52

两张黄牌的警示案

2000年3月，某厂在为秦山第二核电厂二号压力容器（RPV）接管安全端焊接过程中，因违反质量保证要求，焊接工艺不成熟，检验工序不合理，导致6个RPV接管中的5个存在超标焊接缺陷（B5、B6、B7、B8为主管道接管，B9、B10为安注管道接管）。在返修中，又出现不遵守质保大纲要求，无指令操作，错标缺陷位置（标在 B6 上）、错挖、违规补焊，无任何质量记录，造成一条焊缝质量无法确认的重大责任事故，给国家造成重大经济损失。国家核安全局（NNSA）于2000年4月下令该厂停工整顿（这是第二张黄牌，它的第一张黄牌是在1998年10月），并在民用核设施以及核承压设备设计、制造和安装单位范围内进行了通报。为了严肃法纪，确保核承压设备设计、制造、安装质量，NNSA 于2003年12月30日吊销了该厂民用核承压设备制造资格许可证。

 释解

本案中的施工单位，严重违反了核动力厂设计安全规定、核电厂质量保证安全规定、核电厂质量保证大纲的安全规定中的要求，属于非法施工安装。

根据民用核设施安全监督管理条例规定，对于不服管理、违反规章制度，或者强令他人违章冒险作业，因而发生核事故，造成严重后果，构成犯罪的，由司法机关依法追究刑事责任。

 以案释法 53

出厂验收关未把住关案

某厂承接了秦山 II 期的安全壳喷淋热交换器（4台）的制造任务，该热交换器属核3级设备，壳侧为核安全2级。其管板与筒体焊缝是承压边界，属核2级焊缝。施焊过程中，由于筒体变形，在筒体与管板对接时，最大错边量超过5毫米，超出最大允许错边量（4毫米）1毫米以上，且完成焊接后也未按规范要求对焊缝进行体积性探伤。该缺陷发生在该设备的承压边界上，当时秦山核电联营公司和该厂均未向国家核安全局报告。

国家核安全局1999年12月在秦山 II 期现场进行检查时发现了该不符合项，为此专门成立了专项检查组。经审评，国家核安全局认为该厂所采用的纠正措施违反了RCC－M 规范，也不符合我国常规压力容器规范（GB－150）的规定。因此，该纠正措施是不可接受的。从2000年11月开始，该厂向国家核安全局陆续多次提交力学分析计算及论证报告（前后提交 A 版－G 版7个版本），同时也提交了缺陷焊缝泄漏监测方案。经过审评和多次审评，在缺陷焊缝泄漏监测装备可靠的前提下，事情得到有效处理。

 释解

根据民用核设施安全监督管理条例、核动力厂设计安全规定、核电厂质量保证

安全规定、核电厂质量保证大纲的安全规定等有关规定，本案涉及到建设核电设备的技术性问题，未透明报告，核安全文化意识淡薄，出厂验收关未把住，同时纠正措施超出了原设计、制造标准的规定，设备又已就位，因此在论证过程会遇到一系列难以确定的问题，也给核安全审评工作带来了困难。

根据民用核设施安全监督条例规定，民用核设施的选址、设计、建造、运行和退役必须贯彻安全第一的方针；必须有足够的措施保证质量，保证安全运行，预防核事故，限制可能产生的有害影响。

对于不服管理、违反规章制度，或者强令他人违章冒险作业，因而发生核事故，造成严重后果，构成犯罪的，由司法机关依法追究刑事责任。

第十一章
节能和可再生能源管理

随着社会的不断进步与科学技术的不断发展，人们越来越关心其赖以生存的环境，世界上大多数国家也充分认识到了环境对我们人类发展的重要性。各国都在采取积极有效的措施改善环境，减少污染。这其中最为重要也是最为紧迫的问题就是能源问题，要从根本上解决能源问题，除了寻找新的能源，节能也是目前最直接有效的重要措施之一。

开发可再生能源是能源发展的必经之路，可再生能源是指在自然界中可以再生的能源资源，它清洁且对环境无害或危害很小。可再生能源资源的另一特性是分布广泛，适宜就地开发利用，主要包括太阳能、风能、水能、生物质能、地热能和海洋能等。

本章从三个方面解读我国的法律政策。

第一节　概述

节能与可再生能源不仅有利于解决和补充我国常规能源供应不足的问题，而且有利于我国改善能源结构，保障能源安全，保护环境，走可持续发展之路。因此，要走可持续发展之路和保护人类赖以生存的生态环境，节能和开发新能源都是一条必由之路，对我国经济的发展也具有十分重要的作用。因此，我国政府十分重视节能与可再生资源的法治建设。

一、节约能源法的立法进程
我国节约能源法治的发展历程大致经历了三个阶段：

第一，1980年到1986年是我国节约能源法治建设的初创阶段。

第二，1986年到1997年是我国节约能源法治建设的发展阶段。此阶段国务院颁布了《节约能源管理暂行条例》。

第三，1997年到2007年是我国节约能源法治建设的成熟阶段。

1997年11月1日，八届全国人大常委会二十八次会议通过节约能源法。这部法律的颁布实施标志着我国节能工作正式走上法治化轨道，对于增强全社会的节能意识，推进全社会节约能源，提高能源利用效率和经济效益，保障国民经济和社会发展，满足人民生活需要发挥了积极作用。

有关部门制定并发布了《重点用能单位节能管理办法》《节约用电管理办法》《民用建筑节能管理规定》《中国节能产品认证管理办法》《能源效率标识管理办法》等配套法规。节能法治建设取得了积极进展，节能管理得到加强。

第四，2007年是我国节约能源法治的进一步完善阶段。

2007年节约能源法的修订，调整范围进一步扩大、操作性进一步增强、节能监管主体进一步明确、从法律层面进一步明确有关节能的政策措施，着力构建促进节能的激励和约束机制。

2008年7月23日，国务院18次常务会议通过了《公共机构节能条例》。

二、可再生能源法的立法进程

第一阶段，从20世纪50年代到90年代初，为立法空白阶段。

这个时期中国可再生能源政策和立法基本上是一个空白，即使有零星的政策，其目标也只是补充农村燃料的不足，号召大家使用沼气、小水电、小火电以及其他的新能源和可再生能源。

第二阶段，就是1992—1997年。可再生能源立法有较大发展的阶段。

这个时期中国经济快速发展，传统的化石能源已经不能满足我们国家经济建设需求，与此同时传统化石燃料消耗，带来了严重的大气污染。

为了与世界经济发展接轨，中国在政策层面进行了一系列的活动。1992年出台了环境与发展十大对策，提出要发展太阳能、风能等清洁能源。1994年又提出要因地制宜开发新能源和可再生能源。1994年有了关于风力发电厂运行管理的规定，这实际上是比较早的关于风力发电的一个专门性的规定。到1995年原国家计委和原国家科委发布了一个中国新能源和可再生能源发展的纲要，里面明确了要把发展新能源作为中国优先发展的项目。这些文件在后来指导可再生能源发展的过程中，起了比较重要的作用。

在法律层面，1997年之前有电力法，电力法里面明确地规定了，要鼓励和支持可再生能源和清洁能源发电，同时提出要在农村的电气化过程中，应该促进太阳能、风能、地热能以及其他可再生能源的发展。1997年通过节约能源法，把发展可再生能源作为节约传统化石能源的一个主要措施。

第三阶段，从1997到2005年，这是可再生能源立法取得了较大的进步阶段。

这个阶段通过的可再生能源法，使得中国可再生能源的开发利用有了一个基本法律，有了一个最基础的政策和法律依据。

在这个阶段，政策领域有了大量的规范，1999年原国家计委、科技部出台了关于进一步支持可再生能源发展的有关问题和通知，2000年制定了《2000年—2015年新能源和可再生能源产业发展规划》，以及2001年原经贸委发布的可再生能源和新能源的十一五规划等。

另外，在立法领域，大气污染防治法、清洁生产促进法、可再生能源法都对可再生能源等作了规定。

 以案释法 54

建筑陶瓷公司违规建设固定投资项目案

2008年3月15日，A市节能行政主管部门接到举报。A市某建筑陶瓷有限公司正在规划建设大型的建筑陶瓷砖生产线。2008年3月17日，A市节能行政主管部门组织节能监察人员到现场进行监察，发现该公司的设计方案违反了强制性节能标准。

A市节能行政主管部门依据节约能源法有关规定，于2008年4月2日对该企业下达了节能行政处罚告知书，告知其违法事实、理由以及拟作出责令停止建设、限期改造的行政处罚决定，并告知其依法享有的权利。该企业在规定期限内，没有进行申辩、陈述。

2008年4月6日，A市节能行政主管部门依法对该企业下达了行政处罚决定书，作出责令其停止建设、限期改造的处罚决定。该企业不服，于2008年5月6日向A市人民政府提起行政复议。2008年5月26日，A市人民政府审查后作出行政复议决定，认为：A市节能行政主管部门以某建筑陶瓷有限公司违规开工建设不符合国家强制性能源效率标准的固定资产投资项目，对其进行行政处罚，事实清楚、证据确凿，维持A市节能行政主管部门于2008年4月6日作出的节能行政处罚决定。此后，该公司未提起行政诉讼。

 释解

节约能源法规定，国家实行固定资产投资项目节能评估和审查制度。不符合强制性节能标准的项目，建设单位不得开工建设；已经建成的，不得投入生产、使用。"强制性节能标准"，是指具有法律强制性，必须执行的节能标准。该标准包括高耗

能产品能耗限额标准、建筑节能方面的标准和规范、用能设备和产品能效标准等。

　　本案中，该建筑陶瓷有限公司违规开工建设不符合强制性节能标准的项目，明显违反了节约能源法的规定。节约能源法对此有专门规定，固定资产投资项目建设单位开工建设不符合强制性节能标准的项目或者将该项目投入生产、使用的，由管理节能工作的部门责令停止建设或者停止生产、使用，限期改造；不能改造或者逾期不改造的生产性项目，由管理节能工作的部门报请本级人民政府按照国务院规定的权限责令关闭。该建筑陶瓷有限公司，若限期内经改造达到要求，则可以继续建设；若限期内经改造未达到要求，则由 A 市节能行政主管部门报本级人民政府依法责令关闭。

第二节　节约能源

　　能源是人类赖以生存、经济发展和社会进步的重要基础资源，是关系到国家经济命脉和经济安全的重要战略物资，是社会经济可持续发展的基础，在现代化建设中具有举足轻重的地位。长期以来，伴随着能源问题日渐突出，如何合理节约利用能源，保持能源的可持续发展，越来越受到各国政府和民众的普遍关注。

　　我国节约能源法1997年11月1日，由八届全国人大常委会二十八次会议通过，2007年10月28日十届全国人大常委会三十次会议修订，2016年7月12日十二届全国人大常委会二十一次会议修正。节约能源法共七章，八十七款，分别从节能管理、合理使用与节约能源、节能技术进步、激励措施、法律责任等方面进行了规定。

一、目的

　　制定节约能源法的目的为了推动全社会节约能源，提高能源利用效率，保护和改善环境，促进经济社会全面协调可持续发展。

二、范围

　　能源是指煤炭、石油、天然气、生物质能和电力、热力以及其他直接或者通过加工、转换而取得有用能的各种资源。

　　节约能源，是指加强用能管理，采取技术上可行、经济上合理以及环境和社会可以承受的措施，从能源生产到消费的各个环节，降低消耗、减少损失和污染物排放、制止浪费，有效、合理地利用能源。

三、节约资源是我国的基本国策

　　国家实施节约与开发并举、把节约放在首位的能源发展战略。国务院和县级以上地方各级人民政府应当将节能工作纳入国民经济和社会发展规划、年度计划，并组织编制和实施节能中长期专项规划、年度节能计划。

四、节能管理

国务院和县级以上地方各级人民政府应当加强对节能工作的领导，部署、协调、监督、检查、推动节能工作。国家实行固定资产投资项目节能评估和审查制度。不符合强制性节能标准的项目，建设单位不得开工建设；已经建成的，不得投入生产、使用。政府投资项目不符合强制性节能标准的，依法负责项目审批的机关不得批准建设。具体办法由国务院管理节能工作的部门会同国务院有关部门制定。国家对落后的耗能过高的用能产品、设备和生产工艺实行淘汰制度。国家对家用电器等使用面广、耗能量大的用能产品，实行能源效率标识管理。禁止使用伪造的节能产品认证标志或者冒用节能产品认证标志。国家鼓励节能服务机构的发展；国家鼓励行业协会在行业节能规划、节能标准的制定和实施、节能技术推广、能源消费统计、节能宣传培训和信息咨询等方面发挥作用。

五、合理使用与节约能源

（一）一般规定

用能单位应当按照合理用能的原则，加强节能管理，制定并实施节能计划和节能技术措施，降低能源消耗。用能单位应当建立节能目标责任制；用能单位应当定期开展节能教育和岗位节能培训；用能单位应当加强能源计量管理；能源生产经营单位不得向本单位职工无偿提供能源。

（二）工业节能

国务院和省、自治区、直辖市人民政府推进能源资源优化开发利用和合理配置，推进有利于节能的行业结构调整，优化用能结构和企业布局。

国家鼓励工业企业采用高效、节能的电动机、锅炉、窑炉、风机、泵类等设备，采用热电联产、余热余压利用、洁净煤以及先进的用能监测和控制等技术。电网企业应当按照国务院有关部门制定的节能发电调度管理的规定，安排清洁、高效和符合规定的热电联产、利用余热余压发电的机组以及其他符合资源综合利用规定的发电机组与电网并网运行，上网电价执行国家有关规定。禁止新建不符合国家规定的燃煤发电机组、燃油发电机组和燃煤热电机组。

（三）建筑节能

建筑工程的建设、设计、施工和监理单位应当遵守建筑节能标准。不符合建筑节能标准的建筑工程，建设主管部门不得批准开工建设；已经开工建设的，应当责令停止施工、限期改正；已经建成的，不得销售或者使用。房地产开发企业在销售房屋时，应当向购买人明示所售房屋的节能措施、保温工程保修期等信息，在房屋买卖合同、质量保证书和使用说明书中载明，并对其真实性、准确性负责。严格控制公用设施和大型建筑物装饰性景观照明的能耗。国家鼓励在新建建筑和既有建筑节能改造中使用新型墙体材料等节能建筑材料和节能设备，安装和使用太阳能等可再生能源利用系统。

（四）交通运输节能

县级以上地方各级人民政府应当优先发展公共交通，加大对公共交通的投入，完善公共交通服务体系，鼓励利用公共交通工具出行；鼓励使用非机动交通工具出行。国家鼓励开发、生产、使用节能环保型汽车、摩托车、铁路机车车辆、船舶和其他交通运输工具，实行老旧交通运输工具的报废、更新制度。国家鼓励开发和推广应用交通运输工具使用的清洁燃料、石油替代燃料。国务院有关部门制定交通运输营运车船的燃料消耗量限值标准；不符合标准的，不得用于营运。

（五）公共机构节能

公共机构应当厉行节约，杜绝浪费，带头使用节能产品、设备，提高能源利用效率。公共机构应当加强本单位用能系统管理，保证用能系统的运行符合国家相关标准。

公共机构采购用能产品、设备，应当优先采购列入节能产品、设备政府采购名录中的产品、设备。禁止采购国家明令淘汰的用能产品、设备。

（六）重点用能单位节能

重点用能单位应当每年向管理节能工作的部门报送上年度的能源利用状况报告。能源利用状况包括能源消费情况、能源利用效率、节能目标完成情况和节能效益分析、节能措施等内容。管理节能工作的部门应当对重点用能单位报送的能源利用状况报告进行审查。重点用能单位应当设立能源管理岗位，在具有节能专业知识、实际经验以及中级以上技术职称的人员中聘任能源管理负责人，并报管理节能工作的部门和有关部门备案。能源管理负责人应当接受节能培训。

（七）节能技术进步

国务院管理节能工作的部门会同国务院科技主管部门发布节能技术政策大纲，指导节能技术研究、开发和推广应用。

（八）激励措施

中央财政和省级地方财政安排节能专项资金，支持节能技术研究开发、节能技术和产品的示范与推广、重点节能工程的实施、节能宣传培训、信息服务和表彰奖励等。国家通过财政补贴支持节能照明器具等节能产品的推广和使用。

六、法律责任

第一，负责审批或者核准固定资产投资项目的机关违反本法规定，对不符合强制性节能标准的项目予以批准或者核准建设的，对直接负责的主管人员和其他直接责任人员依法给予处分。

第二，生产、进口、销售国家明令淘汰的用能产品、设备的，使用伪造的节能产品认证标志或者冒用节能产品认证标志的，依照产品质量法的规定处罚。

第三，生产、进口、销售不符合强制性能源效率标准的用能产品、设备的，由产品质量监督部门责令停止生产、进口、销售，没收违法生产、进口、销售的用能产品、设备和违法所得，并处违法所得一倍以上五倍以下罚款；情节严重的，由工商行政管理部门吊销营业执照。

第四，使用国家明令淘汰的用能设备或者生产工艺的，由管理节能工作的部门责令停止使用，没收国家明令淘汰的用能设备；情节严重的，可以由管理节能工作的部门提出意见，报请本级人民政府按照国务院规定的权限责令停业整顿或者关闭。

第五，生产单位超过单位产品能耗限额标准用能，情节严重，经限期治理逾期不治理或者没有达到治理要求的，可以由管理节能工作的部门提出意见，报请本级人民政府按照国务院规定的权限责令停业整顿或者关闭。

第六，违反规定，应当标注能源效率标识而未标注的，由产品质量监督部门责令改正，处三万元以上五万元以下罚款。

第七，违反规定，未办理能源效率标识备案，或者使用的能源效率标识不符合规定的，由产品质量监督部门责令限期改正；逾期不改正的，处一万元以上三万元以下罚款。

第八，伪造、冒用能源效率标识或者利用能源效率标识进行虚假宣传的，由产品质量监督部门责令改正，处五万元以上十万元以下罚款；情节严重的，由工商行政管理部门吊销营业执照。

第九，用能单位未按照规定配备、使用能源计量器具的，由产品质量监督部门责令限期改正；逾期不改正的，处一万元以上五万元以下罚款。

第十，瞒报、伪造、篡改能源统计资料或者编造虚假能源统计数据的，依照统计法的规定处罚。

第十一，从事节能咨询、设计、评估、检测、审计、认证等服务的机构提供虚假信息的，由管理节能工作的部门责令改正，没收违法所得，并处五万元以上十万元以下罚款。

第十二，无偿向本单位职工提供能源或者对能源消费实行包费制的，由管理节能工作的部门责令限期改正；逾期不改正的，处五万元以上二十万元以下罚款。

第十三，建设单位违反建筑节能标准的，由建设主管部门责令改正，处二十万元以上五十万元以下罚款。

第十四，房地产开发企业违反本法规定，在销售房屋时未向购买人明示所售房屋的节能措施、保温工程保修期等信息的，由建设主管部门责令限期改正，逾期不改正的，处三万元以上五万元以下罚款；对以上信息作虚假宣传的，由建设主管部门责令改正，处五万元以上二十万元以下罚款。

第十五，公共机构采购用能产品、设备，未优先采购列入节能产品、设备政府采购名录中的产品、设备，或者采购国家明令淘汰的用能产品、设备的，由政府采购监督管理部门给予警告，可以并处罚款；对直接负责的主管人员和其他直接责任人员依法给予处分，并予通报。

第十六，重点用能单位未按照本法规定报送能源利用状况报告或者报告内容不实的，由管理节能工作的部门责令限期改正；逾期不改正的，处一万元以上五万元以下罚款。重点用能单位无正当理由拒不落实本法第五十四条规定的整改要求或者整改没有达到要求的，由管理节能工作的部门处十万元以上三十万元以下罚款。重点用能单位未按照本法规定设立能源管理岗位，聘任能源管理负责人，并报管理节能工作的部门和有关部门备案的，由管理节能工作的部门责令改正；拒不改正的，处一万元以上三万元以下罚款。

第十七，违反规定，构成犯罪的，依法追究刑事责任。

第十八，国家工作人员在节能管理工作中滥用职权、玩忽职守、徇私舞弊，构成犯罪的，依法追究刑事责任；尚不构成犯罪的，依法给予处分。

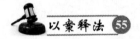

以案释法 55

某玻璃制品企业使用淘汰变压器案

2009年1月10日，A市节能行政主管部门在监察中发现，某玻璃制品企业正在使用的变压器中型号为S7-800／10、S7-315／10的两台变压器疑为国家规定的淘汰机型。根据国家公布的淘汰机电产品目录，A市节能行政主管部门认定该两台变压器均为国家明令淘汰型变压器，其违反了节约能源法第十七条的规定。2009年4月27日，A市节能行政主管部门依照节约能源法第七十一条的规定，对其下达了节能行政处罚告知书，拟作出责令停止使用，没收以上两台淘汰型变压器。同时告知某玻璃制品企业有陈述、申辩的权利。该企业在收到听证告知书后，在规定期限内未进行任何陈述和申辩。2009年5月5日，A市节能行政主管部门依照节约能源法第七十一条的规定，下达了节能行政处罚决定书，作出责令停止使用，没收以上两台淘汰型变压器的处罚决定。

该玻璃制品企业不服。以A市节能行政主管部门事实认定不清为由，于2009年5月8日向A市节能行政主管部门所在地人民法院提起行政诉讼，人民法院于2009年6月23日作出判决。认为：被告认定原告正在使用的型号为S7-800／10、S7-315／710的变压器均为国家明令淘汰型变压器，对其进行行政处罚，事实认定清楚，适用法律正确，判决驳回该玻璃制品企业的诉讼请求。

释解

　　根据国家公布的淘汰机电产品目录，型号为 S7-30／10、S8—l600／10 的变压器属于国家明令淘汰型变压器。节约能源法第十七条规定，禁止生产、进口、销售国家明令淘汰或者不符合强制性能源效率标准的用能产品、设备；禁止使用国家明令淘汰的用能设备、生产工艺。因此，该玻璃制品企业使用国家明令淘汰变压器违反了节约能源法第十七条的规定。节约能源法第七十一条规定，使用国家明令淘汰的用能设备或者生产工艺的，由管理节能工作的部门责令停止使用，没收国家明令淘汰的用能设备；情节严重的，可以由管理节能工作的部门提出意见，报请本级人民政府按照国务院规定的权限责令停业整顿或者关闭。本案中，A 市节能行政主管部门认定该玻璃制品企业使用的型号为 S7—800／l0、S7-315／10 的变压器为国家明令淘汰型的变压器，事实认定清楚，依据节约能源法第七十一条对其作出责令停止使用，没收两台淘汰型变压器的处罚是正确的。

以案释法 56

某造纸厂违规配备、使用计量器具案

　　A 县某造纸厂锅炉车间三台型号为 UG—75／5.29—Ml2 的燃煤锅炉，额定蒸发量75t／h，耗煤量10t／h 左右，按照 GBl71672006用能单位能源计量器具配备和管理通则规定，其锅炉的计量器具配备率应达到95％，A 县质量技术监督部门认定该单位锅炉计量器具配备率分别为84％、81％、74％。针对以上违法行为，2008年5月9日，A 县质量技术监督部门对该企业下达了限期整改通知书，责令该企业在20日内完成整改。整改期限届满，该造纸厂未按要求落实整改。

　　2008年6月1日，A 县质量技术监督部门依据节约能源法规定，对该造纸厂下达了行政处罚告知书，告知其违法事实、理由以及拟作出罚款人民币3万元的行政处罚，并告知其有陈述、申辩、申请听证的权利。该造纸厂在规定期限内既未提出陈述、申辩的理由，也未提出听证申请。A 县质量技术监督部门于2008年6月8日依法对该企业下达了行政处罚决定书，作出罚款人民币3万元的行政处罚。

　　该造纸厂不服，于2008年6月20日，以锅炉车间作为同类设备的用能单元，已经配备了计量器具，锅炉可以不再单独配备能源计量器具为理由，向 A 县人民法院提起行政诉讼，A 县人民法院于2008年7月6日作出一审判决，认为：被告认定原告主要用能设备能源计量器具配备率不达要求对其进行行政处罚，事实不清，证据不足，判决撤销被告 A 县质量技术监督部门于2008年6月8日作出的行政处罚决定。

释解

　　本案是质量技术监督部门依据节约能源法进行处罚而引起的一起行政诉讼案例，期间经过了行政处罚、行政诉讼等程序。

　　根据GBI7167—2006规定，以煤炭、焦炭为主要能源的单台设备能源消耗量在1t／h以上的为主要用能设备，主要用能设备的计量器具配备率应达到95%。该标准同时规定，对于集中管理同类用能设备的用能单元（锅炉房、泵房等），如果用能单元已配备了能源计量器具，用能单元中的主要用能设备可以不再单独配备能源计量器具。本案中，某造纸厂锅炉车间作为同类设备的用能单元，已经配备了计量器具，锅炉可以不再单独配备能源计量器具。因此，A县质量技术监督部门依据节约能源法以配备率不达标准对该造纸厂进行行政处罚，属于事实认定不清。

　　如果该造纸厂未按GBI7167—2006规定配备能源计量器具，则违反了节约能源法的规定，那么，A市质量技术监督部门应依据节约能源法规定，用能单位未按照规定配备、使用能源计量器具的，由产品质量监督部门责令限期改正；逾期不改正的，处一万元以上五万元以下罚款。对该造纸厂进行行政处罚，该造纸厂将承担不利的法律后果。通过该案可以看出，节约能源法、GBI7167—2006对用能单位能源计量器具配备作出了明确规定。用能单位应当按照节约能源法、GBI7167—2006等有关规定配备能源计量器具。能源计量是用能单位节能管理的基础，只有以准确、完整、及时的能源计量数据为基础，才能准确、及时地掌握用能单位的能源消费情况及工序、产品能耗指标，从而进行能源状况分析，制定并实施加强能源管理、推进节能技术进步的措施。

　以案释法 57

某化工公司能源利用状况报告内容不实案

　　A市某化工有限公司为年耗能1.5万TCE的重点用能单位。2009年初，该公司按要求向A市节能行政主管部门报送了2008年度能源利用状况报告，A市节能行政主管部门按照节约能源法有关规定对其报告进行审查，发现该公司近两年内没有明显加强节能管理的措施，也没有进行节能技术改造，但节能目标完成情况良好，遂决定对该企业开展现场调查。2009年4月2日，A市节能行政主管部门对该公司进行了现场监察，通过现场调查询问和核算，发现该公司单位产品节能量和产值节能量均未完成年度节能目标，该公司采用了虚报产量和瞒报能源消耗量的方法来达到完成节能目标的目的。2009年4月6日，A市节能行政主管部门对该公司依法下达了限期整改通知书，要求其重新核实能源消耗种类、数量，各种产品产量等多项数据，并责令该公司10日内完成整改，重新上报能源利用状况报告。整改期限届满，A市节能行政主管部门依法组织对该公司能源利用状况报告进行复审，发现该公司经整改未达到要求。2009年4月26日，A市节能行政主管部门依法对该公司下达了节能行政处罚告知书，告知其违法事实、理由以及拟作出罚款人民币4万元的行政处罚，并告知其有陈述、申辩、申请听证的权利。该公司以能源利用状况报告填报人员为新员工，不熟悉业务，已尽力整改只是未达到整改要求，并非故意违法为理由，于2009年4月28日向A市节能行政主管部门提出听证申请。2009年5月5日，A市节能行政主管部门依法组织听证，经过申辩与质证，认为某化工有限公司提出的陈述、申辩理由部分成立，调整处罚方案。2009年5月10日，A市节能行政主管部门重新起草并下达节能行政处罚告知书，告知其违法事实、理由以及拟作出罚款人民币3万元的行政处罚，并告知其有陈述、申辩、申请听证的权利。在规定期限内，该公司既未提出陈述、申辩的理由，也未提出听证申请。A市节能行政主管部门于2009年5月15日依法对该公司下达了节能行政处罚决定书，作出罚款人民币3万元的处罚决定。

 释解

节约能源法规定，县级以上地方各级人民政府管理节能工作的部门负责本行政区域内的节能监督管理工作。因此，A市节能行政主管部门即管理节能工作的部门，依法享有监管职权，执法主体适格。

重点用能单位作为能源消费大户，着重抓好重点用能单位节能管理成为行之有效的节能管理办法，因此节约能源法明确规定了重点用能单位按要求上报能源利用状况报告的义务。节约能源法规定，重点用能单位每年向管理节能工作部门报送上年度的能源利用状况报告。能源利用状况包括能源消费情况、能源利用效率、节能目标完成情况和节能效益分析、节能措施等内容。该条明确规定了重点用能单位上报能源利用状况报告的频率、形式及主要内容。又规定，管理节能工作的部门应当对重点用能单位报送的能源利用状况报告进行审查。对节能管理制度不健全、节能措施不落实、能源利用效率低的重点用能单位，管理节能工作的部门应当开展现场调查，组织实施用能设备能源效率检测，责令实施能源审计，并提出书面整改要求，限期整改。该条规定明确了管理节能工作的部门应对能源利用状况报告内容的真实性、准确性进行审查，发现问题有权采取进一步措施。关于节约能源法对报告不实也作出了规定，重点用能单位未按照本法规定报送能源利用状况报告或者报告内容不实的，由管理节能工作的部门责令限期改正；逾期不改正的，处一万元以上五万元以下罚款。本案中，该化工有限公司在报送的能源利用状况报告中虚报产量、瞒报能源消耗量，属于节约能源法

规定的"报告内容不实"的情形，节能行政主管部门有权依法责令其限期整改，逾期不改正的，有权对其进行行政处罚。重点用能单位必须严格按照节约能源法律要求，真实、准确地报送本单位能源利用状况报告，否则，将承担不利的法律后果。应当引起注意的是，在听证程序中，作出行政处罚的执法机关听取行政相对人申辩、质证的理由，作出行政处罚的执法机关调整原处罚方案的，应重新制作节能行政处罚告知书，告知行政相对人被处罚的理由、陈述申辩权利等，不能直接按照调整后的处罚方案下达节能行政处罚决定书，否则属于程序违法。

第三节　可再生能源

随着产业规模的不断扩大，中国可再生能源开发面临的诸多问题和障碍逐渐显现，成为制约中国新能源产业规模化的瓶颈。高成本仍是产业市场竞争力较弱的重要影响因素，自主创新能力较弱影响了产业的持续发展，制造和配套能力有待提升，关键零部件依赖国外，政出多门，行业管理松散，标准体系建设严重滞后，政策措施的出台滞后于产业发展的客观需求，以及并网难成等问题为当前可再生能源发电的最大瓶颈。对发展可再生能源的战略性尚未达成普遍共识，贸易保护主义使中国可再生能源海外市场面临异常严重的形势。

一、可再生能源的定义

可再生能源是指从自然界直接获取的、可连续再生、永续利用的一次能源，这些能源基本上直接或间接来自太阳能。目前，在国际上尚没有对可再生能源涵盖的范围给出一致的定义。一般可再生能源领域主要指风能、太阳能、小水电（电站装机容量不超过5万千瓦）、生物质能（不包括传统燃烧方式利用秸秆、薪柴、人畜粪便等）.地热能和地温热源热能.海洋能等。

二、可再生能源法

可再生能源法于2005年2月28日，十届全国人大常委会十四次会议通过，2009年12月26日十一届全国人大常委会十二次会议修正，全法共八章，三十三条款，从资源调查与发展规划、产业指导与技术支持、推广与应用、价格管理与费用补偿、经济激励与监督措施、法律责任等方面进行规定。

（一）目的

制定可再生能源法的目的为了促进可再生能源的开发利用，增加能源供应，改善能源结构，保障能源安全，保护环境，实现经济社会的可持续发展。

（二）适用范围

在中华人民共和国领域和管辖的其他海域内的风能、太阳能、水能、生物质能、地热能、海洋能等非化石能源都适用于可再生能源法。

（三）主管部门

国务院能源主管部门对全国可再生能源的开发利用实施统一管理。国务院有关部门在各自的职责范围内负责有关的可再生能源开发利用管理工作。

（四）资源调查与发展规划

第一，国务院能源主管部门负责组织和协调全国可再生能源资源的调查，并会同国务院有关部门组织制定资源调查的技术规范。

第二，国务院能源主管部门会同国务院有关部门，根据全国可再生能源开发利用中长期总量目标和可再生能源技术发展状况，编制全国可再生能源开发利用规划，报国务院批准后实施。

第三，编制可再生能源开发利用规划，应当遵循因地制宜、统筹兼顾、合理布局、有序发展的原则，对风能、太阳能、水能、生物质能、地热能、海洋能等可再生能源的开发利用作出统筹安排。规划内容应当包括发展目标、主要任务、区域布局、重点项目、实施进度、配套电网建设、服务体系和保障措施等。

第四，产业指导与技术支持，国务院能源主管部门根据全国可再生能源开发利用规划，制定、公布可再生能源产业发展指导目录。

第五，国家将可再生能源开发利用的科学技术研究和产业化发展列为科技发展与高技术产业发展的优先领域，纳入国家科技发展规划和高技术产业发展规划，并安排资金支持可再生能源开发利用的科学技术研究、应用示范和产业化发展促进可再生能源开发利用的技术进步，降低可再生能源产品的生产成本，提高产品质量。国务院教育行政部门应当将可再生能源知识和技术纳入普通教育、职业教育课程。

（五）推广与应用

第一，国家鼓励和支持可再生能源并网发电。国家实行可再生能源发电全额保障性收购制度。

第二，发电企业有义务配合电网企业保障电网安全。国家鼓励清洁、高效地开发利用生物质燃料，鼓励发展能源作物。国家鼓励单位和个人安装和使用太阳能热水系统、太阳能供热采暖和制冷系统、太阳能光伏发电系统等太阳能利用系统。国家鼓励和支持农村地区的可再生能源开发利用。

第三，价格管理与费用补偿。（1）可再生能源发电项目的上网电价，由国务院价格主管部门根据不同类型可再生能源发电的特点和不同地区的情况，按照有利于促进可再生能源开发利用和经济合理的原则确定，并根据可再生能源开发利用技术的发展适时调整。上网电价应当公布。（2）电网企业为收购可再生能源电量而支付的合理的接网费用以及其他合理的相关费用，可以计入电网企业输电成本，并从销售电价中回收。（3）进入城市管网的可再生能源热力和燃气的价格，按照有利于促进可再生能源开发利用和经济合理的原则，根据价格管理权限确定。

第四，经济激励与监督措施。国家财政设立可再生能源发展基金，用于补偿可再生能源法规定的差额费，并用于支持：可再生能源开发利用的科学技术研究、标准制定和示范工程；农村、牧区的可再生能源利用项目；偏远地区和海岛可再生能源独立电力系统建设；可再生能源的资源勘查、评价和相关信息系统建设；促进可再生能源开发利用设备的本地化生产。

（六）法律责任

一是国务院能源主管部门和县级以上地方人民政府管理能源工作的部门和其他有关部门在可再生能源开发利用监督管理工作中，不依法作出行政许可决定的；发现违法行为不予查处的；有不依法，履行监督管理职责的其他行为的。由本级人民政府或者上级人民政府有关部门责令改正，对负有责，任的主管人员和其他直接责任人员依法给予行政处分；构成犯罪的，依法追究刑事责任。

二是电网企业未按照规定完成收购可再生能源电量，造成可再生能源发电企业经济损失的，应当承担赔偿责任，并由国家电力监管机构责令限期改正；拒不改正的，处以可再生能源发电企业经济损失额一倍以下的罚款。

三是经营燃气管网、热力管网的企业不准许符合入网技术标准的燃气、热力入网，造成燃气、热力生产企业经济损失的，应当承担赔偿责任，并由省级人民政府管理能源工作的部门责令限期改正；拒不改正的，处以燃气、热力生产企业经济损失额一倍以下的罚款。

四是石油销售企业未按照规定将符合国家标准的生物液体燃料纳入其燃料销售体系，造成生物液体燃料生产企业经济损失的，应当承担赔偿责任，并由国务院能源主管部门或者省级人民政府管理能源工作的部门责令限期改正；拒不改正的，处以生物液体燃料生产企业经济损失额一倍以下的罚款。

 以案释法 58

违法开凿的地热井案

执法人员发现某物业管理有限公司在未取得采矿许可手续的情况下擅自开采地热资源的情况后，立即展开相关调查。经查某物业管理有限公司在某村花园小区开凿两眼生活井。其中，位于小区内的地热井井深2204米，出水温度69.5℃，曾在供暖期末洗井并试运行约一个月，在试运行期间该公司未向小区居民收取任何费用；另一口井位于小区外至今尚未启用。上述两口井均是经该区地下水资源管理办公室批复后开凿的，但始终未取得国土资源管理部门核发的地热采矿许可证，属无证开采地热资源行为。

执法人员认定该公司的行为违反了矿产资源法，属无证开采行为。依据矿产资源法规定，执法人员对该公司下达了"对你单位无证开采地热资源行为，罚款人民币拾万元整；拒不停止无证开采行为，强制封闭井口，拆除生产设施"的行政处罚决定。接到处罚后，该公司就实施非法开采地热资源行为作了深刻检查，提出了具体整改意见，并按照行政处罚决定书的要求缴纳罚款。

 **释解**

这是一起在未取得采矿许可手续的情况下擅自开采地热资源的典型案件。能源问题已逐渐成为制约经济和社会发展的重要因素，而地热资源作为一种可再生的清洁能源则需要我们严格加以保护和合理利用。按照矿产资源法，能源法的规定，开采矿产资源应当向国土资源主管部门（地质矿产主管部门）申请办理开采登记审批手续，经批准取得采矿许可证后，方可实施开采活动。该公司未履行法定审批手续，擅自开凿地热井并实施非法开采，属于无证采矿行为，该行为侵犯了矿产资源的国家所有权，破坏了矿产资源管理秩序和开发秩序，因此，执法人员对其实施行政处罚是非常必要且合理的。

 以案释法 59

地方性可再生能源文件违法案

2015年11月的云南省工业和信息化委关于下发2015年11月和12月风电火电清洁能源置换交易工作方案的通知提出，当云南省的火电厂发电量小于分配给他们的计划电量时，水电企业和风电企业要按一定置换比例，将水电企业和风电企业的电费收入，按国家批复火电电价的60%支付给火电企业。

国网新疆电力调度控制中心去年12月下发的关于控制新能源场站出力的业务通知提出，用电负荷已无法满足新能源消纳需求，新能源已无消纳空间，要求省内部分新能源电站停止发电。仍继续发电的新能源电站，具备了外送指标还要参与自备电厂替代交易，上网的电要补贴给自备电厂0.2—0.25元／千瓦时。

甘肃发改委、工信委、能源监管办等在2015年11月份先后发布的关于甘肃省2016年电力用户和发电企业直接交易实施细则和组织实施2016年直购电工作的通知提出，让新能源企业参与直供电交易。

甘肃省2015年度新能源发电企业与电力用户直接交易结果显示，成交电价约为每千瓦时0.12—0.316元不等。这已经远远低于甘肃风电的两类资源区的标杆电价每千瓦时0.52元和0.56元，新能源企业的电价被变相打折。

针对云南，主要是向当地工信委申请文件的法律依据和执行情况；针对新疆，主要是向当地经信委和监管办申请文件的法律依据和暂停新能源厂站的情况；针对甘肃，主要是向当地发改委、工信委和电力公司申请可再生能源的电量计划以及调度方向的信息公开。如果对方予以回复的话，将在完善证据的基础上提起行政复议；如果对方不予回复的话，将提起行政诉讼和民事诉讼。

释解

地方政府和电网公司依法行政，杜绝乱作为的行为，没有从思想上充分认识到当前发展包括风电在内的可再生能源的重大战略意义。三地方出台的政策文件，没有法律支撑，主要违反了可再生能源法的全额保障收购法律制度和相关电改文件的规定，"电网企业未按照规定完成收购可再生能源电量，造成可再生能源发电企业经济损失的，应当承担赔偿责任，并由国家电力监管机构责令限期改正；拒不改正的，处以可再生能源发电企业经济损失额一倍以下的罚款。"以及"国务院能源主管部门和县级以上地方人民政府管理能源工作的部门和其他有关部门在可再生能源开发利用监督管理工作中，不依法作出行政许可决定的；发现违法行为不予查处的；有不依法，履行监督管理职责的其他行为的。由本级人民政府或者上级人民政府有关部门责令改正，对负有责，任的主管人员和其他直接责任人员依法给予行政处分；构成犯罪的，依法追究刑事责任"的规定。

附录

国家能源局关于印发《能源行业法治宣传教育五年规划（2016—2020年）》的通知

国能法改〔2016〕278号

各司、各直属事业单位，中电联，中电传媒，各派出能源监管机构，各省（自治区、直辖市）、新疆生产建设兵团发展改革委（能源局），国家电网公司、南方电网公司、中国华能集团公司、中国大唐集团公司、中国华电集团公司、中国国电集团公司、中国电力投资集团公司、中国长江三峡集团公司、神华集团公司、中国石油集团公司、中国石化集团公司、中国海洋石油总公司、中国核工业集团公司、中国中煤能源集团有限公司、国家核电技术有限公司、中国电力建设集团有限公司、中国能源建设集团有限公司、中国石油和化学工业联合会、中国煤炭工业协会：

现将《能源行业法治宣传教育五年规划（2016—2020年）》印发你们，请遵照执行。

国家能源局
2016年10月13日

能源行业法治宣传教育五年规划（2016—2020年）

为加强能源行业法治宣传教育，根据《中共中央 国务院转发〈中央宣传部、司法部关于在公民中开展法治宣传教育的第七个五年规划（2016—2020年）〉的通知》（中发〔2016〕11号）和《全国人民代表大会常务委员会关于开展第七个五年法治宣传教育的决议》，结合能源行业实际，制定本规划。

一、指导思想、主要目标和工作原则

（一）指导思想

贯彻落实党的十八大和十八届三中、四中、五中全会精神，以马克思列宁主义、毛泽东思想、邓小平理论、"三个代表"重要思想、科学发展观为指导，深入学习贯彻习近平总书记系列重要讲话精神，坚持"四个全面"战略布局，坚持创新、协调、绿色、开放、共享的发展理念，遵循"四个革命、一个合作"的战略思想，深入开展能源行业法治宣传教育，建设能源行业法治文化，为"十三五"时期能源行业健康协调发展营造良好法治环境。

（二）主要目标

普法宣传教育机制进一步健全，法治宣传教育实效性进一步增强；能源主管部门、能源监管机构依法行政、依法决策水平进一步增强，各级领导干部依法管理能源事务的能力显著提高；能源行业依法治理进一步深化，能源企业法治观念明显增强，形成守法光荣、违法可耻的行业氛围。

（三）工作原则

——围绕中心，服务大局。紧紧围绕"十三五"能源发展总目标和建设清洁低碳、安全高效的现代能源体系的发展要求，合理安排各项法治宣传教育活动，发挥好服务和支撑作用。

——学用结合，普治并举。坚持法治宣传教育与能源行业依法治理有机结合，把法治宣传教育融入能源行政执法、能源供应使用等活动中。能源管理部门、能源监管机构与能源企业积极联动，在全行业形成自觉学习、运用法律的氛围。

——分类指导，突出重点。根据不同地区、机关、企业的具体业务特点，分类实施法治宣传教育。突出抓好重点对象，带动和促进全行业普法。

——形式创新，注重实效。重视发挥网络和新媒体的作用，以干部职工喜闻乐见、易于接受的方式开展法治宣传教育。及时总结经验，把握规律，推动法治宣传教育工作理念、机制、载体和方式方法创新，不断提高法治宣传教育的针对性和实效性。

二、主要任务

（一）深入学习贯彻习近平总书记关于全面依法治国的重要论述

党的十八大以来，习近平总书记站在坚持和发展中国特色社会主义全局的高度，对全面依法治国作了重要论述，提出了一系列新思想、新观点、新论断、新要求，深刻回答了建设社会主义法治国家的重大理论和实践问题，为全面依法治国提供了科学理论指导和行动指南。要深入学习贯彻习近平总书记关于全面依法治国的重要论述，增强走中国特色社会主义道路的自觉性和坚定性，增强能源行业厉行法治的积极性和主动性。深入学习宣传以习近平同志为总书记的党中央关于全面依法治国的重要部署，宣传科学立法、严格执法、公正司法、全面守法和党内法规建设的生动实践，使全行业了解并掌握全面依法治国的重大意义和总体要求，更好地发挥法治的引领和规范作用。

（二）突出学习宣传宪法

坚持把学习宣传宪法放在首位，牢固树立宪法权威。要深入宣传依宪治国、依宪执政等理念，宣传党的领导是宪法实施的最根本保证，宣传宪法确立的国家根本制度和根本任务、国体和政体、公民的基本权利和义务等内容，宣传宪法的实施，认真组织好"12·4"国家宪法日集中宣传活动。

（三）深入学习宣传党内法规

适应全面从严治党、依规治党新形势新要求，突出宣传党章，教育引导广大党员尊崇党章，以党章为根本遵循，坚决维护党章权威。大力宣传《中国共产党廉洁自律准则》、《中国共产党纪律处分条例》等各项党内法规，注重党内法规宣传与国家法律宣传的衔接和协调，坚持纪在法前、纪严于法，把纪律和规矩挺在前面，教育引导广大党员做党章党规党纪和国家法律的自觉尊崇者、模范遵守者和坚定捍卫者。

（四）学习宣传能源法律法规和能源体制改革文件

掌握《电力法》、《可再生能源法》、《节约能源法》、《煤炭法》、《石油天然气管道保护法》等能源法律法规，能够熟练运用法律手段管理能源事务和解决相关问题。突出学习宣传能源体制改革文件，学习宣传中央进一步深化电力体制改革的若干意见、有关石油天然气体制改革的意见以及能源市场交易、运行规则等配套文件，全面深化能源行业体制改革，推动能源市场建设，解决制约行业科学发展的突出矛盾和深层次问题。深入学习国务院有关能源行政审批制度改革的一系列重要文件，深刻领会有关简政放权、放管结合和转变政府职能的重要举措，积极推动能源行业大众创业、万众创新。

（五）大力学习宣传本职工作相关法律法规

认真学习中国特色社会主义法律体系形成的重要意义、基本经验、基本构成和基本特征，自觉把社会主义法治理念的基本要求贯穿到各项日常管理工作中。要认真学习依法行政领域的法律法规，学习《公务员法》、《行政监察法》、《审计法》、《行政许可法》、《行政处罚法》、《行政强制法》、《国家赔偿法》和《行政复议法》，牢固树立"法定职责必须为、法无授权不可为"的意识，在行政执法中自觉贯彻各项规定，促进法治政府建设。深入学习与市场监管密切相关的《合同法》、《公司法》、《反不正当竞争法》、《反垄断法》、《招标投标法》、《价格法》、《会计法》等法律法规，推动能源行业树立保护产权、平等交换、公平竞争、诚实信用等意识，促进能源行业在经济新常态下平稳健康运行。学习宣传《安全生产法》、《生产安全事故报告和调查处理条例》和《电力安全事故应急处置和调查处理条例》等法律法规，推进能源行业安全生产规范化、制度化、法制化。大力宣传《环境保护法》、《海洋环境保护法》、《大气污染防治法》、《水污染防治法》和《循环经济促进法》等环境保护和资源节约利用方面的法律法规，扎实推动美丽中国建设。学习宣传《国家安全法》，提高维护国家安全的意识。做好涉密人员和有关工作人员的保密法制宣传教育，掌握信息化条件下保密防范技能。

（六）推进社会主义法治文化建设

以宣传法律知识、弘扬法治精神、推动法治实践为主旨，在能源行业积极推进社会主义法治文化建设，充分发挥法治文化的引领、熏陶作用，做到法治文化建设与行业文化、企业文化融合发展，努力使全行业干部职工成为法治的忠实崇尚者、自觉践行者和坚定捍卫者，形成全员尊法学法守法用法的良好氛围。坚持依法治国和以德治国相结合，以法治体现道德理念，以道德滋养法治精神，促进实现法律和道德相辅相成，法治和德治相得益彰。强化规则意识，倡导契约精神，弘扬公序良俗，引导全行业自觉履行法定义务和社会责任。在能源行业健全守法信用记录，完善守法诚信褒奖机制和违法失信行为惩戒机制。

（七）推进多层次依法治理

坚持法治宣传教育与法治实践相结合，严格按照法律程序和规定管理能源事务和有关社会经济事务，严格按照法律程序和规定处理各种矛盾和问题，自觉依法决策、依法管理、依法办事，依法治企。能源管理部门、能源监管机构要围绕与人民群众利益密切相关的问题，通过发放宣传材料等形式，与有关能源企业联合开展法治宣传，向群众普及能源普遍服务、能源基础设施保护等与群众利益密切相关的法律知识，引导群众合法维权，自觉与危害能源基础设施的行为做斗争。能源行业协会要发挥行业自律和专业服务功能，发挥社会组织对其成员的行为导引、规则约束、权益维护作用。

三、对象和要求

（一）加强领导干部学法用法

坚持把领导干部带头学法、模范守法、树立法治意识作为普法工作的关键。不断完善领导干部学法用法制度，提高依法决策、依法管理的意识和能力。落实领导干部法治教育制度化、规范化，结合能源工作实际，建立定期法律培训和法制讲座制度。完善党组（党委）中心组集体学法制度，把宪法、重要能源法律法规和党内法规列入学习内容，做好计划和安排。建立健全重大事项决策法律咨询制度，在重大事项决策前，进行法律咨询和论证，充分发挥法律专业人员在决策中的参谋作用。

（二）加强公务员法治宣传教育

把法治教育纳入公务员教育培训的总体规划，保证法治培训课时数量和培训质量，切实提高运用法治思维和法治方式深化改革、推动发展、化解矛盾和维护稳定的能力。建立和完善公务员学法考勤、学法档案，为公务员配备法律法规工具书和能源管理政策法规汇编。对公务员学法情况和遵纪守法、依法行政、依法办事等情况进行考核。

（三）加强对能源企业经营管理人员的法治宣传教育

采取多种形式，结合能源企业经营管理工作，开展能源企业经营管理人员法治教育和法治培训，培养诚信守法、依法经营、依法办事的观念和能力，树立依法接受监督管理的意识。结合能源市场化改革进程，加强对能源市场主体的法治宣传教育，培养依法竞争意识，积极维护能源市场秩序，促进能源市场建设。

（四）加强对公众的法治宣传教育

能源供应企业要经常性地开展合法用能、安全用能、节约用能的法治宣传，采取便于用户获取的方式，公开服务信息，普及相关法律知识，为用户合法维权提供便利条件。经营管理能源基础设施的企业，要有针对性地开展法治宣传，教育和引导人民群众参与巡护活动，提高人民群众维护能源基础设施安全的自觉性和主动性。要加强舆论引导，发挥新闻媒体和网络的作用，对盗窃、破坏能源基础设施的典型案件进行曝光，震慑违法犯罪分子，遏制违法犯罪行为。

四、工作措施

（一）健全普法宣传教育机制

要加强对普法工作的领导，围绕中央关于法治宣传教育的部署，健全法治宣传教育工作制度并加强考核评估。各单位法制机构要发挥专业优势，承担普法骨干和法治参谋助手的职责。组建法治宣传教育队伍，鼓励法律服务人员、大专院校法律专业教学人员加入能源法治宣传教育活动。能源行业协会要建立协调协作机制，根据自身特点，有针对性地开展法治宣传教育活动。

（二）健全普法责任制

能源管理部门、能源监管机构要按照"谁执法谁普法"的原则，建立普法责任清单，研究制定普法工作计划，进行目标分解，做到项目清晰、责任明确、目标具体，年度有安排，平时有检查。在行政执法中广泛开展以案释法和警示教育，发布宣传材料和典型案例，有针对性地对执法对象做好普法工作，使行政执法过程成为弘扬法治精神的过程。能源企业和能源行业协会要落实"谁主管谁负责"的普法责任，在管理、服务过程中，结合行业特点和特定群体的法律需求，开展法治宣传教育。健全媒体公益普法制度，中电传媒等能源行业媒体要自觉履行普法责任，在重要版面、重要时段制作刊播普法公益广告，开设法治讲堂，针对社会热点和典型案（事）例开展及时权威的法律解读，积极引导能源行业的法治风尚。各级党组织要坚持全面从严治党、依规治党，切实履行学习宣传党内法规的职责，把党内法规作为学习型党组织建设的重要内容，充分发挥正面典型倡导和反面案例警示作用，为党内法规的贯彻实施营造良好氛围。

（三）创新法治宣传教育形式

创新工作理念，增强法治宣传教育工作实效。坚持集中法治宣传教育与经常性法治宣传教育相结合，深化法律进机关、进乡村、进社区、进学校、进企业、进单位的"法律六进"主题活动，完善工作标准，建立长效机制。针对受众心理，创新方式方法，创新载体阵地，积极运用服务大厅和服务窗口、公共活动场所电子显示屏、服务窗口触摸屏等，推送法治宣传教育内容。有条件的单位，要利用门户网站开设专栏等形式，及时普及能源法律法规。充分运用互联网传播平台，通过法治网络论坛、报刊专栏、视频课堂、学法广播、微信、微博、微电影、客户端等方式和平台扩宽学法渠道，实现法治宣传教育公共数据资源开放共享，培育普法文化产品。能源行业协会要贴近企业，发挥行业优势，积极主动地组织普法活动。

五、组织领导

（一）切实加强领导

能源管理部门、能源监管机构和能源企业要成立法治宣传教育工作领导小组，切实加强对法治宣传教育工作的领导，及时研究解决工作中的重大问题。要建立定期会议、听取汇报、监督检查等制度，把法治宣传教育纳入综合绩效考核、综治考核和文明创建考核内容。落实法治宣传教育保障措施，切实解决人员配备、基本待遇、工作条件等方面的实际问题。

（二）加强工作指导

能源管理部门、能源监管机构和能源企业要组建法治宣传队伍，明确负责人和有关内设机构的职责，发挥各自优势，形成推进法治宣传教育工作创新发展的合力。结合各地区、各行业、各机关工作实际，分析不同对象的普法需求，区别对待、分类指导，不断增强法治宣传教育的针对性。坚持问题导向，深入基层、深入群众调查研究，积极解决问题，努力推进工作。认真总结推广各地区各单位开展法治宣传教育的好经验、好做法，充分发挥先进典型的示范和带动作用，推进法治宣传教育不断深入。

（三）加强经费保障

能源管理部门、能源监管机构要把法治宣传教育相关工作经费纳入财政预算，切实予以保障，并建立动态调整机制。把法治宣传教育列入政府购买服务指导性目录，积极利用社会资源开展法治宣传教育。